本书出版获得教育部人文社会科学研究青年基金项目"基于出行路径决策规则的多机场系统结构性矛盾化解策略研究"（项目编号：18YJC630013）、江苏省社会科学基金项目研究成果"区域一体化背景下长三角机场群结构性矛盾治理研究"（项目编号：19GLD008）、国家自然科学基金青年基金项目"基于路径认知规则挖掘的多机场系统均衡配流模型及算法研究"（项目编号：61903346）资助

新型城镇化下
区域多机场系统结构性矛盾化解策略及实施路径研究

Xinxing Chengzhenhua xia
Quyu Duojichang Xitong Jiegouxing Maodun
Huajie Celüe ji Shishi Lujing Yanjiu

陈欣 毛亿 宣超 著

西南财经大学出版社
Southwestern University of Finance & Economics Press
中国·成都

图书在版编目(CIP)数据

新型城镇化下区域多机场系统结构性矛盾化解策略及实施路径研究/
陈欣,毛亿,宣超著.—成都:西南财经大学出版社,2021.4
ISBN 978-7-5504-4229-0

Ⅰ.①新…　Ⅱ.①陈…②毛…③宣…　Ⅲ.①民用机场—机场建设—
研究—中国　Ⅳ.①F562.3

中国版本图书馆 CIP 数据核字(2021)第 061064 号

新型城镇化下区域多机场系统结构性矛盾化解策略及实施路径研究

陈欣　毛亿　宣超　著

责任编辑:李晓嵩
责任校对:杜显钰
封面设计:何东琳设计工作室
责任印制:朱曼丽

出版发行	西南财经大学出版社(四川省成都市光华村街 55 号)
网　　址	http://www.bookcj.com
电子邮件	bookcj@ swufe. edu. cn
邮政编码	610074
电　　话	028-87353785
照　　排	四川胜翔数码印务设计有限公司
印　　刷	四川五洲彩印有限责任公司
成品尺寸	170mm×240mm
印　　张	11.25
字　　数	182 千字
版　　次	2021 年 4 月第 1 版
印　　次	2021 年 4 月第 1 次印刷
书　　号	ISBN 978-7-5504-4229-0
定　　价	68.00 元

前　言

　　随着国家新型城镇化战略的实施和深入推进，城市群已成为支撑我国现代化高质量建设和发展的重要平台与主体形态。我国初步形成了以京津冀城市群、长江三角洲城市群（简称长三角城市群）、粤港澳大湾区城市群等为代表的新型城镇化格局。作为航空网络节点的机场是城市群构建连通区域对外大通道的关键基础设施，对城市群快速融入全球化和参与国际竞争具有不可替代的重要作用。我国城市群空间格局的加速形成也推动了区域内航空运输业的快速发展。城市群内机场密度不断加大，区域内出现多个机场共同服务于一个航空市场的局面，区域多机场系统开始形成。根据国际经验，多机场系统是区域一体化背景下航空运输市场水平达到一定规模的必然产物。当前，多机场系统已经成为我国综合机场体系的一种重要模式，在提升城市群产业配套服务质量、加快生产力要素在区间内流动以及提高城市群整体竞争力等方面发挥了重要的支撑和保障作用。

　　然而，在多机场系统快速发展的同时，受管理体制、发展阶段等因素的影响，我国多机场系统缺乏统筹规划和协调，各机场对于区域内航空客货市场资源的争夺基本处于无序竞争状态，两极分化现象严重。一方面，系统内主要枢纽机场多处于容量饱和状态，但又受制于区域资源环境承载力而难以扩容；另一方面，系统内中小机场的资源利用率不高，亏损现象严重，需要依赖各类财政补贴才能维持基本运行。根据国家新型城镇化战略，到"十三五"时期末，全国新增约1亿城镇人口，常住人口城镇化率达到60%以上，产业集聚程度大幅提高，城乡居民消费潜力进一步释放。未来城市群内航空需求大众化、多样化特征日趋显著，航空出行由基本满足需求向更加注重出行质量逐步转变。"十四五"时期将是我国从航空运输大国向航空运输强国跨越的关键阶段，可以预见城市群内航空运输发展将进入新的快速增长期。在新型城镇化背景下，多机场系统内主要机场资源不足和二级机场资源过剩两种状态并存的结构性矛盾将成为制约区域航空运输系统健康可持续发展乃至民航强国战略目标实现的主要矛盾。

不同于既往以单个机场为核心的航空运输运行组织模式，多机场系统内部各机场的辐射服务半径和航空市场资源重叠度不断扩大。以长三角城市群为例，核心城市间的城际网络基本完善，区域内已实现2小时内同城化出行，多机场系统间的竞争跨越了航空运输方式本身。外部环境的快速变化使得区域多机场系统结构性矛盾的形成机理成为一个复杂的综合问题。根据新型城镇化的发展要求，加快开展多机场系统结构性矛盾化解技术研究，提出促进城市群内航空需求与多机场系统供给能力科学匹配的应对策略，对于减少系统内大型枢纽机场拥堵和航班延误、提高二级机场资源利用效率、促进区域多机场系统协调可持续发展具有重要的现实意义。

本书共分为6章。第1章是绪论，首先阐述了本书的研究背景、目的和意义，其次利用文献计量学方法对国内外研究进行了综述分析，最后概述了本书主要研究内容和框架结构。第2章是国内外多机场系统发展分析，对国内外多机场系统发展情况进行了介绍，包括多机场系统定义的梳理、全球典型多机场系统的介绍、多机场系统演化模式和航线网络布局模式的分析以及我国多机场系统存在的主要问题的总结。第3章是多机场系统的航空需求预测和均衡配流方法及应用，首先以多机场系统为基本单元分析城市群多机场系统的航空客流需求，采用在城市交通规划中有广泛应用基础的交通四阶段法作为预测框架，为基于区域多机场系统的航空客流需求分析建立较为普适的研究框架；其次构建了基于

Bagging 指数平滑方法的航空客运短期需求分析；最后建立了多机场系统的均衡配流模型并进行了验证。第 4 章是多机场系统航线网络结构特征分析及航线网络优化方法，首先构建了基于复杂网络理论的多机场系统航线网络结构特征的静态和动态分析方法，并用该方法分析了国内三大多机场系统的航线网络特征；之后建立了多机场系统航线网络非线性双层规划模型，提出多机场系统航线网络设计和优化流程。第 5 章是多机场系统协调度评价及应用，介绍了多机场系统的协调度评价方法和协调度评价函数，并以长三角多机场系统为例进行了评价和分析。第 6 章是多机场系统结构性矛盾化解策略和实施路径，从管理体制、航线网络、空域资源、综合交通、经济一体化等方面探讨提出了多机场系统结构性矛盾的化解策略，并提出化解策略的具体实施路径。此外，本书在附录中列出了美国华盛顿—巴尔的摩城市群航空旅客调查问卷样表，这是摸清多机场系统的航空市场需求特征的重要手段，可以为本书读者结合自身研究目标开展基于多机场系统的旅客出行需求调查提供有益的参考。

鉴于本书的主要内容，作为专业参考书，本书不仅适合从事航空运输规划与管理教学和研究工作的高等学校的教师及研究生使用，也适合作为方法论应用读物供从事机场运营管理、行业规划和政策制定等方面的专业人员使用。

本书主要由陈欣博士撰写，并完成全书统稿工作（撰写了约 16 万字）。毛亿博士参与撰写航线网络分析和空中交通管理相关内容（撰写了约 1 万字），宣超博士参与撰写城市群特征和分析相关内容（撰写了约 1 万字），盛寅博士在参与撰写多机场系统均衡配流模型的相关内容（撰写了约 0.2 万字）后，陈欣博士又对相应内容做了修改和补充，硕士生张珍协助整理了本书的参考文献。同时，本书在撰写和出版过程中，得到西南财经大学出版社李晓嵩编辑的大力支持和帮助。笔者对以上参与人员的努力和贡献表示衷心感谢。

受时间和水平所限，书中难免存在不妥之处，恳请各位专家和读者能够不吝赐教，给予批评和指正。

电子邮箱：njuechx@hotmail.com

陈　欣

2021 年 1 月于南京财经大学

目　录

1 绪 论

1.1 研究背景、目的和意义

1.1.1 研究背景

改革开放以来，随着国民经济的快速和稳步增长，我国城市化水平不断提高，城市规模日益扩大，以单个城市为核心的分散型城市空间形态逐渐向以大都市区、都市圈或城市群（megalopolis，city cluster or supercity）等一体化程度较高的集聚型城市空间形态转变。2014 年 3 月，中共中央、国务院印发新时期城镇化发展的纲领性文件——《国家新型城镇化规划（2014—2020 年）》（以下简称《规划》）。《规划》提出，到 2020 年，基本建立以陆桥通道、沿长江通道为两条横轴，以沿海、京哈京广、包昆通道为三条纵轴，以轴线上城市群和节点城市为依托、其他城镇化地区为重要组成部分，大中小城市和小城镇协调发展的"两横三纵"城镇化战略空间格局。在新型城镇化战略导向下，作为现代化建设重要载体与平台的城市群已成为新型城镇化的主体形态。2018 年 11 月 18 日，中共中央、国务院发布的《中共中央 国务院关于建立更加有效的区域协调发展新机制的意见》明确指出，以北京、天津为中心引领京津冀城市群发展，带动环渤海地区协同发展。以上海为中心引领长三角城市群发展，带动长江经济带发展。以香港、澳门、广州、深圳为中心引领粤港澳大湾区建设，带动珠江—西江经济带创新绿色发展。以重庆、成都、武汉、郑州、西安等为中心，引领成渝、长江中游、中原、关中平原等城市群发展，带动相关板块融合发展。截至 2019 年 2 月 18 日，国务院共先后批复了 10 个国家级城市群，分别是长江中游城市群、哈长城市群、成渝城市群、长江三角洲城市群、中原城市群、北部湾城市群、关中平原城市群、呼包鄂榆城市群、兰西城市群、粤港澳大湾区。当前，以京津冀城市群、长江三角洲城市群和粤港澳大湾区三大城市群为代表的新型城镇化体系基本建成，有力地提高了城乡生产要素配置效率，带来了社会结构的深刻变革，促进了城乡居民生活水平的全面提升。"十四五"时期，我国将在全面建成小康社会的基础上，进入全面建设社会主义现代化国家、向第二个百年奋斗目标进军的新发展阶段和关键时期，区域一体化和城市化进程必将进一步深入推进。我国需要加快构建多元、开放、高效、优质的新型城镇化空间布局，城市群将迎来新的重大发展机遇。

航空运输业的发达程度是衡量一个国家和地区的现代化水平、对外开放程度以及综合竞争力的重要指标，对城市群区域经济发展具有不可替代的重要作用，是城市群提升区域产业配套服务、加快生产力要素流动、促进区域对外开放和参与国际经济合作与竞争的重要支撑。城市群空间格局的加速形成也推动了区域内航空运输业的快速发展。城市群内机场密度不断加大，再加上地面综合交通网络一体化（特别是高速铁路和城际铁路网络）的快速推进，导致区域内部城市间的时空距离被大幅缩减，使得各机场的辐射服务半径和航空市场资源重叠度不断扩大。一方面，航空出行需求可以在更广范围以更多方式来实现，提高了生产要素流动的便利性；另一方面，区域内各机场之间对航空市场份额的竞争日趋激烈，区域内出现多个机场面临一个共同航空市场的局面，区域多机场系统开始形成。

从世界范围来看，城市群内航空运输体系发展到一定阶段后，会纷纷出现多机场系统。多机场系统是指在城市群或大都市圈地区内提供商业航空运输服务的两个及两个以上民用运输机场的组合，也就是城市群内多个机场共同服务于区域航空市场（Bonnefoy 等，2010；De Neufville，1995）。多机场系统是具有综合性、系统性、开放性以及动态性等特点的复合系统，是区域一体化背景下航空运输市场水平达到一定规模的必然产物。《中国民用航空发展第十三个五年规划》明确提出了建设与京津冀城市群、长三角城市群、粤港澳大湾区城市群相适应的世界级机场群，标志着多机场系统已经成为我国综合机场体系的一种重要模式。

然而，在多机场系统快速发展的同时，由于管理体制、发展阶段等因素的影响，多机场系统内各子机场的定位和分工往往缺乏统筹规划和协调，各机场航线网络结构具有显著的同构性，对于区域内航空客货市场资源的争夺基本处于无序竞争状态，造成区域航空运输资源供给不足和供给过剩的现象共存。一方面，系统内主要机场（大型枢纽机场）的陆侧和空侧容量紧张，航班延误频发；另一方面，系统内非核心中小型机场（二级机场）的资源闲置率较高，亏损现象严重，需要依赖各类财政补贴才能维持机场基本运行。按照新型城镇化战略总目标，到 2020 年，全国新增约 1 亿城镇人口，常住人口城镇化率达到 60% 以上，产业集聚程度大幅提高，城乡居民消费潜力进一步释放。同时，"十四五"时期将是我国从航空运输大国向航空运输强国跨越的关键启承阶段，民航的高质量发展将跨上新台阶，民航强国建设将取得新突破，航空需求大众化、多样化特征也将日趋凸显。在满足出行需求的基础上，居民对航空出行服务的质量将提出更高的要求。可以预见，航空运输发展将进入新的"量质齐升"的快速增长期。在新型城镇化背景下，这种区域航空运输需求的快速增长与以多机场系统为单元的结构性供给能力不匹配问题将有可能进一步加剧，多机场系统内主要机场资源不足和二级机场资源过剩两种状态并存的结构性矛盾将成为关系和制约区域航空运输系统健康可持续发展，乃至影响民航强国战略目标实现的主要矛盾。

既往的机场体系格局基本以单个机场为核心进行航空运输相关活动的运行组织，机场间市场交叉影响较小，航空客流影响因素较少，其出行特征较容易把握。在新型城镇化背景下，城市群内时空距离的大幅缩减使得系统内部各机场的辐射服务半径和航空市场资源重叠度不断扩大（见图 1-1，Postorino 等，2012）。日益完善的高铁网络对区域多机场系统的中短途航线也产生了极强的替代效应，多机场系统间的竞争又跨越了航空运输方式本身。以长三角地区为例，上海、杭州和南京城际网络基本完善，区域内已实现 2 小时内同城化出行，区域枢纽城市主要出行目的地分布情况也存在较大相似性。这些外部环境的快速变化使得区域多机场系统结构性矛盾的形成机理成为一个复杂的综合问题。如何根据新型城镇化发展要求，加快开展多机场系统结构性矛盾化解技术研究，提出促进城市群内航空需求与多机场系统供给能力科学匹配的应用对策，减少系统内大型枢纽机场拥堵和航班延误，提高二级机场资源利用效率，促进区域多机场系统协调可持续科学发展，已成为当前新型城镇化下我国航空运输发展过程中亟须解决的重要问题之一。

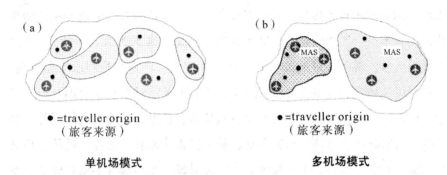

注：MAS，即多机场系统。

图 1-1　多机场系统与单机场系统模式比较

1.1.2　研究目的和意义

本书研究目的和意义如下：

第一，科学解决多机场系统结构性矛盾已成为我国城市群区域一体化进一步深化的重要任务。多机场系统在提升区域产业配套服务、加快生产力要素在区间内流动乃至提高区域整体竞争力等方面具有不可替代的重要支撑和保障作用。然而，大多数多机场系统缺乏统筹规划和协调，区域内各机场空间布局和规模结构不够合理，与系统资源环境承载能力也不够匹配，机场重复建设和资源内耗严重，系统结构性矛盾日益突出。以长三角城市群多机场系统为例，其多机场系统格局进一步形成的同时，出现了上海、南京等主要枢纽机场资源紧张，而其余中小机场业务量较少、设施利用率不高以及机场亏损等现象，系统整体协调发展度亟待提高。随着城市群区域经济一体化进程的加快，多机场系统的结构性失衡矛盾有可能进一步加剧。如何实现整个多机场体系的科学分工与合作以及协调发展，使其真正起到与区域经济发展相互促进的作用，已成为深化我国区域一体化进程的重要任务。

第二，国家和区域层面非常重视多机场系统的科学发展。首先，为落实京津冀协同发展战略，2016 年 12 月，中国民用航空局（简称国家民航局）审议通过《推进京津冀民航协同发展实施意见》，可以说在对京津冀多机场系统结构性矛盾治理政策的顶层设计方面已迈出实质性步伐。其次，对长三角城市群多机场系统来说，随着"21世纪海上丝绸之路"和长三角城市群等国家重大规划进入实质性发展的关键期，长三角城市群已经成为提升国家综合实力和国际竞争力、带动国民经济又好又快发展的重要引擎。以多机场系统为基本单元的城市群航空运输体系在优化城镇化布局和形态、合理引导人口流动、提高国土空间利用效率、深化区域经济一体化和培育经济新增长极等方面将面临更高的要求和更严峻的挑战。最后，《粤港澳大湾区发展规划纲要》明确指出要建设世界级机场群，推进粤港澳大湾区机场错位发展和良性互动。国家民航局于2020年7月15日印发《民航局关于支持粤港澳大湾区民航协同发展的实施意见》。该实施意见提出，到2025年，基本建成粤港澳大湾区世界级机场群，粤港澳大湾区民航整体规模、综合竞争力和创新能力持续保持国际领先。其中，到2022年，粤港澳大湾区将基本形成多核支撑、多点互动、共建共赢的大湾区区域民航协同发展格局和政策体系。到2035年，粤港澳大湾区将全面建成安全、协同、绿色、智慧、人文的世界级机场群。同时，该实施意见从构建区域协调发展新格局、建设世界一流基础设施、打造更高水平航空服务、推进空地一体联程联运以及推进民航产业互动发展等五个方面提出了11项具体任务。可以预见，多机场系统将成为粤港澳大湾区对外服务和改革开放的重要支撑并在区域一体化过程中发挥更大作用。

第三，适应我国供给侧结构性改革的宏观政策发展要求。党的十九大报告明确指出，要以促进区域协调发展为重点，着力解决制约经济持续健康发展的重大结构性问题。多机场系统的这种结构性供需失衡矛盾就属于重大结构性问题，加快研究相应的化解策略和实施路径也适应了当前我国供给侧结构性改革的宏观政策发展要求。

1.2　国内外相关研究综述

随着多机场系统（multiple airport system，MAS）① 在全球范围内的兴起，多机场系统科学发展问题已引起各国民航管理当局的广泛关注，并成为国内外研究者研究的热点课题之一。国外学者相关研究大致分为以下三个方面：

一是以麻省理工学院的纽维尔和邦内福伊（Neufville & Bonnefoy）等学者为代表的多机场系统战略规划和管理方面的研究（Bonnefoy 等，2010；De Neufville，1984，1995）。他们根据大都市区现有主要机场逐渐达到容量限制的现实特征，提出大都市区产生多机场系统是必然的，但应采取动态灵活的规划策略。他们也是最早开展多机场系统问题研究的学者，并提出了多机场系统的概念和定义，被后续研究者所沿用。邦内福伊（Bonnefoy）分析了全球 59 个多机场系统演进过程（见图 1-2），发现世界各地区多机场系统的发展存在显著差异，其中美国和欧洲的多机场系统的形成多是通过开发利用区域内二级机场（secondary airports），而亚太地区的多机场系统则是通过建设新机场而发展起来的（Bonnefoy 等，2010）。

图 1-2　全球多机场系统地理分布（2006）

二是多机场系统中的机场选择问题（也称为机场竞争问题）的研究。

---

① 部分文献中将多机场系统称为"机场群"或"多机场区域"（multiple airport region）。

由于多机场系统内的地面交通体系往往较为发达，机场间腹地范围相互交叉重叠，区域内旅客在选择航空出行时，一般会有几个备选出行机场供其选择，特别是当系统内各机场所提供的航空服务的同质性较强时，机场选择问题就变成系统内各机场的航空市场竞争问题。典型研究（Pels 等，2000，2009；Abreu 等，2017；Cho 等，2015；Hess，2010；Hess 等，2007；Hess & Polak，2005；Yang 等，2014）主要是通过建立基于随机期望效用理论的离散选择模型（包括 Nested-Logit 模型、Cross-Nested Logit 模型和 Mixed Logit 模型等）分析机场地面可达性、票价、航班频率和机场收费等因素对多机场系统内机场选择的影响程度。

三是多机场系统内航空客流市场溢出影响因素及系统均衡配流问题研究。分析多机场系统内航空客流分布的内在动因是实现多机场系统有效管理的重要依据。很多学者开展了相关研究，如布鲁克纳（Brueckner，2014）在利用城市对而非机场对来确定多机场市场范围的研究中发现，地面公共交通、低成本航空公司以及航线网络形态对系统内各机场市场溢出效应（替代效应）都有重要影响（Brueckner 等，2014）。阿尔罗根（Allroggen，2013）研究了多机场竞争环境下刺激机场采取措施发展航线和吸引客流的关键因素（Allroggen 等，2013）。福哈特（Fuellhart，2013）分析了波士顿、华盛顿和旧金山三个典型多机场系统内航线客流量差异与机场市场份额的回归关系（Fuellhart 等，2013）。武林（Takebayashi）等通过建立基于航空公司收益和旅客出行效用的双层规划模型分析了不同机场收费条件和航线结构下多机场系统内航空客流分配情况，并提出基于机场间相对距离的航线设置原则（Takebayashi，2012，2013）。卢（Loo，2005）等构建了基于有限元算法的连续均衡模型并比较了不同政策情景下珠三角多机场内各子机场客流分布特征（Loo 等，2005）。福和基姆（Fu & Kim）等通过构建两阶段最小二乘回归模型（2SLS）研究了小机场与其相邻的大型枢纽机场间旅客溢出问题及其影响因素（Fu & Kim，2016；Kim & Ryerson，2018）。

国内学者主要是从协调发展角度对多机场系统问题进行了有益探索。

张越（2007）、周慧艳等（2011）、翁亮等（2007）、刘涌等（2015）、徐翀宇（2018）和陈欣等（2014）等对国内三大典型多机场系统协调度及协同发展进行了实证分析。此外，杨阳通过协调区域航空运输服务水平、机场建设费用、机场间航线服务差异等约束条件对多机场系统中新机场规划选址问题进行了研究（杨阳，2013）。姜雨等从空中交通管理角度，以最小化航班延误为目标构建了开放式多机场网络模型，通过协调多机场系统间的供需平衡关系为空管部门提供流量调配优化策略（姜雨等，2011）。此外，部分国内学者也对多机场系统的机场选择问题、航线网络和航班优化问题进行了探讨（刘钟佳文，2017；吴刚等，2013；宋聂和高强，2015；徐睿阳，2020；杨新湦和徐睿阳，2020）。

为更好地梳理既有文献，笔者运用文献计量学方法对文献中共同出现的关键词进行量化分析。数据来源为科学文献索引（Web of Science，WOS）、中国知网学术期刊数据库和博士硕士论文数据库（CNKI）。笔者采用的英文文献检索方式介绍如下：检索主题为"multiple airport""multi-airport"和"airport choice"，来源期刊为"Web of Science 核心合集"。笔者共检索得到 197 条相关文献，并将整理好的检索结果导出为文本（text）格式。随后，笔者应用文献计量学工具 VOSViewer 进行可视化分析，结果如图 1-3 和图 1-4 所示。从图中可以看出，机场选择（airport choice）、旅客出行行为（travel behavior）、低成本航空公司（low-cost carrier）以及多机场系统优化（optimization）等在研究文献中占据主要地位。值得指出的是，近年来的国外研究集中在机场需求、低成本航空公司、航线网络等方面。笔者采用的中文文献检索方式介绍如下：检索主题为"多机场"或"机场群"，检索年份不限，来源选择全部期刊。笔者按照精确模式检索，人工去除会议新闻、发刊词、征稿启事等数据，共检索得到149 条相关文献。笔者将整理好的检索结果导出为 RefWorks 格式，运用VOSViewer 进行分析，得到分析结果如图 1-5 和图 1-6 所示。从图 1-5 和图 1-6 中可以看出，协同发展、航班延误、航线网络等关键词的词频较高，其中空中交通管理方面的研究出现较早（包括多机场终端区、地面等待策略、流量管理等关键词）。京津冀、粤港澳大湾区、城市群、功能定位和合作机制等关键词在近几年开始出现，这与近期宏观层面的发展趋势相一致。文献计量学的分析结果与上述人工文献分析结果基本一致。总体来说，既有成果为推进区域多机场系统科学发展提供了有力的基础支撑，具有较好的借鉴意义。

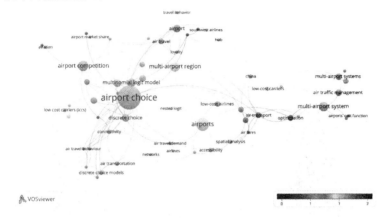

图 1-3　WOS 关键词共同出现网络图谱

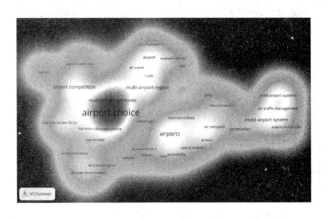

图 1-4　WOS 关键词共同出现热力图谱

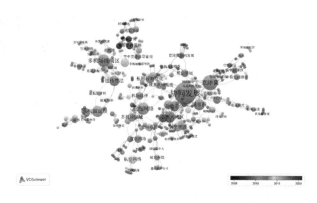

图 1-5　中国知网（CNKI）关键词共同出现网络图谱

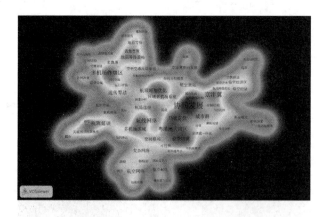

图 1-6　中国知网（CNKI）关键词共同出现热力图谱

从航空运输的组织过程来看，多机场系统结构性矛盾的根本原因在于航空客流在区域多机场系统内分布不均衡，进而导致了系统在时空和功能上的混沌无序，使得区域航空需求与航空资源供给不能实现合理匹配，本质上属于供需失衡问题。矛盾解决的关键还在于从供给侧结构调整和优化角度入手，进行区域航空资源的结构性调整，扩大有效供给，提高航空资源供给结构对航空需求变化的适应性和灵活性。然而，从多机场系统发展现状来看，对系统内主要机场资源供给能力不足问题基本上通过机场大规模改扩建和采取机场容量优化技术策略等方法来解决（Abeyratne，2000；Brueckner，2009；Vaze & Barnhart，2012），对系统内二级机场基本上采取航线补贴（Barbot，2006；Gaudry，2001；Laurino & Beria，2014）或其他行政手段来吸引航空公司进驻机场开设航线和布局运力来解决其资源闲置率过高的问题。前者不仅成本高、周期长，更为重要的是，根据交通经济学中的当斯定律（Downs Law）（Downs，2004），在政府不进行有效管制和控制的情况下，新建交通基础设施会诱发新的交通量，而交通需求总是倾向于超过交通供给。这也正是国内大型枢纽机场在扩容不断的情况下，仍然未能有效满足急剧增长的航空需求的根本原因。后者则由于难以形成航线网络的规模效应，再加上缺乏有效的市场引导，往往在补贴政策结束之时所开辟航线即停飞。更需要指出的是，城市群内航空市场交叉重叠度较大和系统内二级机场的航线结构同构性较强等问题，进一步加剧了航空市场的无序竞争。可见单纯的机场容量提升和航线补贴等措施很难从根本上化解多机场系统结构性矛盾。尽管多机场系统中通常采用以上两种方案来缓解主要枢纽机场的容量约束问题，但也有学者不支持在大都市区开发多机场系统。例如，马丁（Martin）等认为多机场系统并不能提高效率或降低系统成本（Martin & Voltes-Dorta，2011）。在研究巴西贝洛哈里桑塔都市区（Bolo Horizonte metropolitan area）是否需要建设 2 个机场时，约翰（John）也发现重新开放临近的帕姆普尔哈（Pampulha）机场（最短车程仅需 29 分钟，见图 1-7）将限制坦克雷多·内维斯（Tancredo Neves）国际机场作为贝洛哈里桑塔都市区枢纽的服务能力，并且会对两个机场都带来财务风险增加的问题（John，2008）。事实上，由于未能掌握系统在时空维度上的变化特征和规律，也就难以找准矛盾的根源，这也是对多机场系统结构性矛盾治理效果不理想的内在原因。同时，国外多机场系统内航空需求特征、机场布局以及区域产业结构等发展环境与国内有很大不同，简单照搬国外某些经验做法，不能适应和满足国内多机场系统科学发展的根本要求。

综合以上分析，本书将以新型城镇化背景下的区域航空运输发展目标和要求为导向，搭建基于城市群一体化的多机场系统结构性矛盾协同治理分析框架，设计与之相适应的兼顾经济效益和社会效益的政策框架体系，为解决多机场系统结构性矛盾提供应对策略和实施建议。从理论价值上来说，本书的研究成果将有助于理清区域多机场系统结构性矛盾的形成机理；从最大化系统利用效率角度来看，也将有助于实现多机场系统内航空运输资源的优化配置，减少系统内耗，促进形成分工明确、定位清晰的区域多机场系统，这对支撑和引导城市空间结构优化以及推动国土空间均衡开发也具有重要的战略意义和实践应用价值。

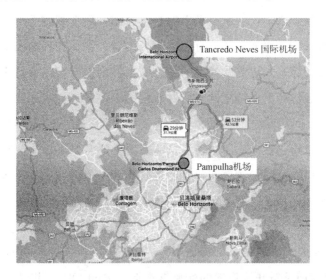

图1-7　贝洛哈里桑塔都市区两机场位置和车程距离图

1.3　主要内容和框架结构

1.3.1　主要内容

本书的主要内容如下：

（1）国内外多机场系统发展分析。这部分内容首先对多机场系统的定义和概念进行梳理；其次介绍国内外城市群和多机场系统的发展情况，并在此基础上，归纳总结多机场系统的形成动因和演化模式；最后探讨我国多机场系统的存在问题。

（2）区域多机场系统的航空需求特征分析。随着城市群区域一体化进程的加快，区域内部各机场腹地范围的交叉重叠区域也在不断扩大，因而多机场系统内航空运输总量不能简单利用单个机场需求量的加总,应以整个城市群区域为共同航空市场来进行分析。城市群航空需求应包括航空出行发生量和吸引量的总和,这与所在区域的城镇化人口总量、城镇化水平、产业集聚布局、人均可支配收入以及旅游资源等经济社会指标具有密切的正向关联性。在获得区域航空市场需求总量基础上,将其分配到系统内各子机场,这需要考虑子机场容量、城市群内地面交通条件等因素的影响。

(3) 多机场系统航线网络设计和优化技术研究。解决区域多机场系统结构性矛盾的关键技术之一在于通过优化方法寻求航空客流与系统资源承载能力在规模和结构上的均衡匹配方案,而科学合理的航线网络结构正是引导城市群内航空客流均衡分布的核心依托载体。本部分内容首先以多机场系统为决策单元,运用复杂网络理论分析多机场系统的航线网络特征;其次在考虑供需匹配度等要求的基础上,构建多机场系统航线网络设计与优化模型;最后总结提出以多机场系统为基本单元的航线网络设计与优化流程。

(4) 区域多机场系统协调度评价及应用研究。多机场系统是具有开放性、远离平衡态和非线性特征的典型耗散结构,对其结构性矛盾治理的根本目标是实现系统由混乱无序状态转向时空和功能的有序状态,其有序度包括区域航空需求与航空资源承载能力在规模结构上的有序匹配、航空服务均等化与差异化的有序匹配、航空服务成本与效益的有序匹配以及区域一体化与航空运输业在宏观层面上的协调有序匹配。本部分内容分析多机场的系统协调度内涵,构建了系统结构有序度评价模型和评价指标体系,并应用分析了长三角城市群多机场系统的耦合协调发展度。

(5) 多机场系统结构性失衡矛盾的治理策略。多机场系统结构性矛盾的解决需要管理部门制定出科学的协调组织策略,这也是研究区域多机场系统结构性矛盾治理策略的最终落脚点。本部分内容从管理体制、航线网络结构、空域资源利用、综合交通运输体系以及区域经济一体化等方面提出了矛盾化解策略,并提出了具体实施路径。

1.3.2 框架结构

本书框架结构如图 1-8 所示。

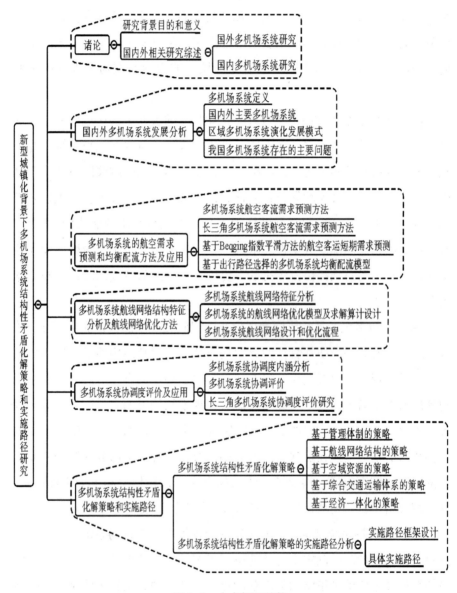

图 1-8　本书框架结构

1.4 本章小结

本章首先介绍了新型城镇化下多机场系统结构性矛盾的研究背景、目的与意义；其次通过结合人工和文献计量学两种方法对国内外多机场系统发展的相关研究进行了综述分析，总结既有研究成果和存在的不足；最后阐述了本书主要研究内容和框架结构。

本章参考文献

［1］ABEYRATNE R I R. Management of airport congestion through slot allocation ［J］. Journal of air transport management, 2000, 6（1）: 29-41.

［2］ABREU T, RONZANI BORILLE G, CORREIA A. Modelling airport choice behavior: a case study on the major Brazilian multi-airport system ［C］//Antwerp: Presented at the 21st air transport research society world conference, 2017.

［3］ALLROGGEN F, MALINA R, LENZ A K. Which factors impact on the presence of incentives for route and traffic development? Econometric evidence from european airports ［J］. Transportation research part E: Logistics and transportation review, 2013, 60: 49-61.

［4］BARBOT C. Low-cost airlines, secondary airports, and state aid: An economic assessment of the Ryanair-Charleroi Airport agreement ［J］. Journal of air transport management, 2006, 12（4）: 197-203.

［5］BONNEFOY P A, DE NEUFVILLE R, HANSMAN R J. Evolution and development of multiairport systems: worldwide perspective ［J］. Journal of transportation engineering, 2010, 136（1）: 1021-1029.

［6］BRUECKNER J K. Price vs. quantity-based approaches to airport congestion management ［J］. Journal of public economics, 2009, 93（5-6）: 681-690.

［7］BRUECKNER J K, LEE D, SINGER E. City-Pairs versus Airport-Pairs: A market-definition methodology for the airline industry ［J］. Review of industrial organization, 2014, 44 (1): 1-25.

［8］CHO W, WINDLE R J, DRESNER M E. The impact of low-cost carriers on airport choice in the US: A case study of the Washington-Baltimore region ［J］. Transportation research part E: Logistics and transportation review, 2015, 81: 141-157.

［9］DE NEUFVILLE R. Management of multi-airport systems: A development strategy ［J］. Journal of air transport management, 1995, 2 (2): 99-110.

［10］DE NEUFVILLE R. Planning for multiple airports in a metropolitan region ［J］. Built environment, 1984, 10 (3): 159-167.

［11］DOWNS A. Still stuck in traffic: Coping with peak-hour traffic congestion ［M］. Washington D C: Brookings institution press, 2004.

［12］FU Q, KIM A M. Supply-and-demand models for exploring relationships between smaller airports and neighboring hub airports in the U.S ［J］. Journal of air transport management, 2016, 52: 67-79.

［13］FUELLHART K, O'CONNOR K, WOLTEMADE C. Route-level passenger variation within three multi-airport regions in the USA ［J］. Journal of transport geography, 2013, 31: 171-180.

［14］GAUDRY M. Airport subsidies and congestion in North America: The need for accounts and a regulator within virtual World Trade Organization rules ［J］. Journal of air transport management, 2000, 7 (1): 35-41.

［15］HESS S. Evidence of passenger preferences for specific types of airports ［J］. Journal of air transport management, 2010, 16 (4): 191-195.

［16］HESS S, ADLER T, POLAK J W. Modelling airport and airline choice behaviour with the use of stated preference survey data ［J］. Logistics and transportation review, 2007, 43 (3): 221-233.

［17］HESS S, POLAK J W. Mixed logit modelling of airport choice in multi‐airport regions ［J］. Journal of air transport management, 2005, 11 (2): 59-68.

［18］JOHN D K. A study of multiple airport metropolitan regions worldwide: Implications for AITN and Belo Horizonte ［D］. Chapel Hill: University of North Carolina, 2008.

［19］KIM A M, RYERSON M S. A long drive: Interregional airport passenger "leakage" in the U.S ［J］. Tourism management, 2018, 65: 237-244.

［20］LAURINO A, BERIA P. Low‐cost carriers and secondary airports: Three experiences from Italy ［J］. Journal of destination marketing & management, 2014, 3 (3): 180-191.

［21］LOO B P Y, HO H W, WONG S C. An application of the continuous equilibrium modelling approach in understanding the geography of air passenger flows in a multi‐airport region ［J］. Applied geography, 2005, 25 (2): 169-199.

［22］MARTIN J C, VOLTES-DORTA A. The dilemma between capacity expansions and multi‐airport systems: Empirical evidence from the industry's cost function ［J］. Transportation research part E: Logistics and transportation review, 2011, 47 (3): 382-389.

［23］PELS E, NIJKAMP P, RIETVELD P. Airport and airline competition for passengers departing from a large metropolitan area ［J］. Journal of urban economics, 2000, 48 (1): 29-45.

［24］PELS E, NJEGOVAN N, BEHRENS C. Low‐cost airlines and airport competition ［J］. Transportation research part E: Logistics and transportation review, 2009, 45 (2): 335-344.

［25］POSTORINO M N, PRATICO F G. An application of the multi‐criteria decision-making analysis to a regional multi‐airport system ［J］. Research in transportation business & management, 2012, 4: 44-52.

［26］TAKEBAYASHI M. Network competition and the difference in operating cost：Model analysis ［J］. Logistics and transportation review，2013，57：85-94.

［27］TAKEBAYASHI M. Managing the multiple airport system by coordinating short/long-haul flights ［J］. Journal of air transport management，2012，22：16-20.

［28］VAZE V，BARNHART C. Modeling airline frequency competition for airport congestion mitigation ［J］. Transportation science，2012，46（4）：512-535.

［29］YANG C W，LU J L，HSU C Y. Modeling joint airport and route choice behavior for international and metropolitan airports ［J］. Journal of air transport management，2014，39：89-95.

［30］刘涌，张俊. 京津冀机场协同发展的路径与对策 ［J］. 综合运输，2015（1）：9-12.

［31］刘钟佳文. 区域多机场中航空旅客机场选择行为研究 ［D］. 南京：南京航空航天大学，2017.

［32］吴刚，夏洪山，高强. 机场群运行方式下的航班时刻与频率优化模型 ［J］. 交通运输工程学报，2013（4）：79-86.

［33］周慧艳，石丽娜，张旭，等. 我国区域多机场复合系统协调发展研究 ［J］. 南京航空航天大学学报（社会科学版），2011（2）：48-52.

［34］姜雨，张洪海，夏洪山. 多机场网络系统流量分配策略 ［J］. 系统工程理论与实践，2011（2）：379-384.

［35］宋晟，高强. 基于禁忌搜索算法的多机场系统航线网络构建 ［J］. 武汉理工大学学报（交通科学与工程版），2015（5）：1054-1057.

［36］张越. 珠江三角洲区域多机场系统协调运营有关问题的研究 ［D］. 上海：同济大学，2007.

［37］徐睿阳. 区域多机场航线网络优化研究 ［D］. 天津：中国民航大学，2020.

［38］徐翀宇. 建设世界级城市群背景下的京津冀机场群协同发展研究 ［D］. 天津：中国民航大学，2018.

［39］杨新湦，徐睿阳. 基于功能定位的区域多机场航线网络优化 ［J］. 航空计算技术，2020 （4）：1-4.

［40］杨阳. 多机场区域内新机场选址及其航线规模优化研究 ［D］. 大连：大连海事大学，2013.

［41］翁亮，田琳，刘晏滔. 京津冀区域多机场系统的和谐发展之路 ［J］. 综合运输，2007 （10）：25-29.

［42］陈欣，王海燕，李军会，等. 长三角区域多机场复合系统耦合协调发展度评价研究 ［J］. 交通运输系统工程与信息，2014，14 （3）：214-220.

2　国内外多机场系统发展分析

2.1 多机场系统的定义

随着区域一体化和航空运输的快速发展，世界上多数的城市群（megaloplis）或大都市区（metropolitan area）都拥有两个或以上的机场来共同服务于区域航空市场。这种现象出现的动因主要在于区域内主要机场难以满足快速增长的航空需求，并导致航空延误的频繁发生，对区域航空服务质量产生了较大的不利影响。因此，找到一种同时满足区域航空需求增长并保持航空运输系统可靠、高效和安全的方法显得尤为重要。与此同时，城市群内现有主要机场的容量接近饱和，而增加容量的空间又受到来自环境、资源以及航空运输规模经济性等因素的限制，发展多机场系统成为城市群航空运输系统能够满足其区域未来航空需求的重要模式。

多机场系统的定义首先由麻省理工学院的纽维尔（De Neufville, 1984; De Neufville & Odoni, 2013）提出，即城市群区域内提供商业航空运输服务（scheduled air services）的重要机场的集合，不考虑集合内各个机场的所有权或者政治控制权。这个定义涉及以下几个要点：

第一，该定义强调多机场系统是在城市群范围内，超越了单个城市的界限[①]；

第二，该定义强调的是提供商业航空服务的机场，不包括通用机场和军用机场；

第三，该定义关注的焦点在航空市场，而不是机场的所有者以及所有者管辖范围；

第四，该定义只考虑区域内的重要机场，即机场吞吐量达到一定规模（100 万人次以上）的机场。

汉森（Hansen）等在总结相关研究的基础上提出美国多机场系统的定义（Hansen & Weidner, 1995），即两个及以上提供定期旅客运输服务的机场组合，并满足以下两个条件：

[①] 一个大城市拥有 2 个及以上机场的情况可以被认为是该定义下的特例。

第一，每个机场都包括在美国联邦航空管理局（FAA）定义的同一社区中，或者位于 FAA 指定的"大型枢纽"机场的约 50 千米（30 英里）以内，或者每个机场都在同一城市群中；

第二，区域内主要机场的赫芬达尔集中度指数（Herfindahl concentration index，HCI）小于 0.95。

法索内（Fasone）等提出多机场系统的定义在考虑地理因素的同时也应兼顾管理模式和所有权问题，多机场系统内需要有一个公司拥有系统内几个机场的所有权或者一个机场具有系统内其他机场的大部分股权。多机场系统按照管理一体化程度和地理范围可分成四种类型，见表 2-1（Fasone 等，2012）。

表 2-1　多机场系统分类

		地理范围	
		区域性	城市群
管理一体化程度	高	I	II
	低	III	IV

邦内福伊（Bonnefoy）在其博士论文中采用了地理聚类方法（Bonnefoy，2008），对全球范围内年吞吐量大约 50 万人次以上的 451 个机场进行分析后得到 59 个多机场系统，同时将旅客吞吐量超过系统总吞吐量的 20% 的机场定义为系统的主要机场（primary airports），占比为 1%~20% 的机场被划为系统的二级机场（secdonary airport）。

与国外研究相比，国内多机场系统的相关研究开展较晚，对于多机场系统的定义尚没有统一的标准，不同学者会根据研究需要从不同角度对多机场系统进行定义。总体上，国内对于多机场系统的定义大致可以分为以下两种：

一种是沿用国外的提法，即"多机场系统"，多用于学术研究中。例如，屈云茜在总结既有文献基础上，认为多机场系统是为了实现资源的有效分配以及更好地满足航空运输需求，区域内两个或两个以上地理位置邻近的不同规模、不同等级的民用机场（包括军民合用机场），以一个或多个机场为核心，通过相互作用关系集聚而成的机场集合。她进一步从区域范围、机场服务性质、系统内部各机场的地位和作用、机场间相互关系等四个方面阐述了多机场系统的具体内涵（屈云茜，2014）。张越认为纽维尔（Neufvill）教授的提法未从系统观点出发，不符合区域多机场系统的某些本质特征。张越在其博士论文中提出多机场系统应包括共同航空市场、统一的空域规划和管理、统一运营协调管理、明确的子机场分工和服务对象、融入区域综合交通运输系统、仅提供商业运输服务等六个方面的基本特征（张越，2007）。翁亮提出区域多机场复合系统是一个区域内为航空旅客或航空货主提供商业航空运输服务的一系列存在相互关系的区域多机场系统以及与机场运输业务发生关系的社会经济与环境系统的组合，也就是由区域多机场系统与该区域内经济环境系统组成的复合系统（翁亮，2008）。曹小曙等基于2016年的全球官方航空指南（official aviation guide，OAG）计划航班中年可售座位数大于60万个的机场及3小时车程时间来识别多机场系统范围，分析了全球多机场区域的空间格局和主要类型（曹小曙和廖望，2018）。孙小倩等通过考虑包括乘客的机场间旅行时间及潜在地面交通时间在内的所花费的实际旅行时间，构建了一种新的多机场系统分类方法（孙小倩等，2017）。一些学者也使用"多机场系统"开展了很多相关研究（周慧艳等，2011；宋聂，2016；徐爱庆，2018；徐睿阳，2020；曹允春和程彦，2010；曹小曙和廖望，2018；杨阳，2013；陈兆鹏，2012；陈团生，2008）。

另一种是将其命名为"机场群"，主要出现在国家民航发展规划的相关文件中。例如，《全国民用机场布局规划》（2008年）和《中国民用航空发展第十二个五年规划》中首次提出了建设北方、华东、中南、西南、西北五大机场群的建设目标。此后，国内三大城市群规划①中也分别提出了建设世界级机场群的发展目标。此外，一些学者使用"机场群"作为研

---

① 《长江三角洲区域一体化发展规划纲要》（2019）、《京津冀协同发展规划纲要》（2019）、《粤港澳大湾区发展规划纲要》（2019）。

究对象开展了在协调发展策略、航线网络、航班选择、旅客出行选择、同质化等方面的研究（冯霞等，2020；刘佳和王莉莉，2013；吴刚，2015；吴刚等，2013；张宁，2017；徐爱庆等，2018；杨学兵，2020；林思奇等，2020；王倩和杨新湟，2016；郝媛和全波，2016；陈梵驿等，2017；陈欣等，2020；韦薇，2014）。

从既有研究成果来看，多机场系统作为城市群重要的基础设施，是伴随着城市群的形成而出现的，其定义的关键在于需要首先确定一个地域性范围，即城市群范围，也就是在城市群内空间位置相邻的多个机场的有机组合。世界上很多多机场系统的命名也反映出这一点，如纽约城市群多机场系统、东京城市群多机场系统等。从这个角度来说，多机场系统又被称为多机场区域（multiple airport region）。值得一提的是，多机场系统的定义现在也被国际航空运输协会（IATA）和 FAA 所采纳。它们给部分多机场系统（区域）分配了一个单独代码，如华盛顿多机场系统采用 WAS（包括华盛顿—巴尔的摩城市群的 BWI、IAD 和 DCA 三个机场），纽约多机场系统采用 NYC（包括纽约城市群的 JFK、EWR 和 LGA 三个机场），其他多机场系统代码可以参见网页 "https://wikitravel.org/en/Metropolitan_Area_Airport_Codes"。

综合以上分析，本书认为多机场系统是指城市群内多个机场的有机组合，这些机场包括提供商业客货运输服务的民用机场和军民合用机场，但不包括通用机场。系统内部各机场有着明确的互补性功能定位和市场分工（核心枢纽、主要枢纽和辅助机场）[①]。该系统内各机场间具有良好的协同运营发展机制，遵循区域统一的战略规划目标。系统与区域经济系统耦合（coupling relationship）形成一个复杂系统，具有层次性、竞争性、动态性和开放性等基本特征。

---

① 将旅客吞吐量占全国 5% 以上、占本机场群 30% 以上、全球排名前 10 位的机场，界定为该机场群的"核心枢纽"；将旅客吞吐量占全国 1% 以上、占本机场群 10% 以上、全球排名前 100 位的机场界定为"主要机场"；其他机场为该机场群重要组成部分的"辅助机场"（杨学兵，2020）。

2.2 国内外主要多机场系统

2.2.1 城市群和都市圈

如前所述,多机场系统的定义首先需要界定其所在城市群。因此,介绍多机场系统之前应对城市群的概念进行明确。我国对于城市群的最早官方定义出现在 1999 年 2 月实行的《城市规划基本术语标准》(GB/T 50280-98)中,其对城市群的定义为:一定地域内城市分布较为密集的地区,英文使用"agglomeration"。2019 年出台的《国家发展改革委关于培育发展现代化都市圈的指导意见》(发改规划〔2019〕328 号)对城市群和都市圈分别给出了定义。城市群是新型城镇化主体形态,是支撑全国经济增长、促进区域协调发展、参与国际竞争合作的重要平台。都市圈是城市群内部以超大、特大城市或辐射带动功能强的大城市为中心,以 1 小时通勤圈为基本范围的城镇化空间形态。城市群是由若干个都市圈构成的广域城镇化形态,其内部应该包含若干个中心城市。在体量和层级上,都市圈要低于城市群的概念。事实上,在上述文件出台以前,都市圈和城市群的定义并没有严格的界限,而关于城市群的概念也主要在我国使用,国际上对应地使用大都市区或大都市带的概念,英语为"megalopolis""megapolis""megaregion""supercity"(Fielder & Feeney,1976),来自希腊语,字面意思为"大城市"(或称为"巨型城市")。维基百科中的城市群定义为大致相邻的都会区的区域(adjacent metropolitan areas),它们可能在某种程度上是分离的,也可能是连成一片连续的城市区域。百度百科中的城市群定义为城市发展到成熟阶段的最高空间组织形式,是指在特定地域范围内,一般以 1 个以上特大城市为核心,由 3 个以上大城市为构成单元,依托发达的交通通信等基础设施网络所形成的空间组织紧凑、经济联系紧密,并最终实现高度同城化和高度一体化的城市群体。

尽管对于城市群的定义尚没有统一概念(姚士谋等,2015;方创琳等,2018),但世界上各个国家和地区都根据本地城市发展水平规划建设了一些典型的城市群。世界上的典型城市群主要分布在北美洲、欧洲、日本以及韩国等国家和地区。近年来，我国长三角城市群和珠三角城市群也开始迈入世界级城市群行列，表2-2列出了几个世界级城市群的经济人口统计指标。

表2-2　世界级城市群的经济人口统计指标

国家	城市群	地区生产总值/10亿美元	人均地区生产总值/美元	人口/万人	面积/平方千米	人口密度/平方千米	数据年份
美国、加拿大	北美五大湖城市群	4 500	52 933	8 500	480 000	177	2017
美国	美国东北部城市群	4 400	79 000	5 600	156 000	390	2017
法国、德国、比利时、荷兰	西欧城市群	2 530	55 000	4 600	145 000	317	2019
美国	纽约城市群	1 772	74 707	2 400	30 000	688	2018
美国	洛杉矶城市群	1 252	65 309	1 900	87 490	212	2017
美国	旧金山湾区城市群	758	80 011	900	17 384	545	2017
美国	芝加哥城市群	689	77 840	900	28 120	509	2017
英国	大伦敦城市群	851	58 991	1 400	8 382	1 680	2017
法国	巴黎城市群	850	70 833	1 200	12 012	1 010	2016
日本	太平洋沿岸城市群	3 382	48 314	7 000	35 000	2 000	2017
韩国	韩国首都圈	770	30 000	2 400	11 704	2 017	2010
俄罗斯	莫斯科城市群	815	40 750	2 000	26 000	7 692	2018

就我国城市群发展情况来说，截至2019年年底，共有10个国家级城市群获得国务院批复，如表2-3所示。

表 2-3 国务院已批复的国家级城市群

获批国家级城市群	国务院批复时间	印发时间	国务院批复和国家发展改革委印发资料文件
长江中游城市群	2015年3月26日	2015年4月13日	《国务院关于长江中游城市群发展规划的批复》《国家发展改革委关于印发长江中游城市群发展规划的通知》
哈长城市群	2016年2月23日	2016年3月7日	《国务院关于哈长城市群发展规划的批复》《国家发展改革委关于印发哈长城市群发展规划的通知》
成渝城市群	2016年4月12日	2016年4月27日	《国务院关于成渝城市群发展规划的批复》《国家发展改革委关于印发成渝城市群发展规划的通知》
长江三角洲城市群	2016年5月22日	2016年6月1日	《国务院关于长江三角洲城市群发展规划的批复》《国家发展改革委关于印发长江三角洲城市群发展规划的通知》
中原城市群	2016年12月28日	2016年12月29日	《国务院关于中原城市群发展规划的批复》《国家发展改革委关于印发中原城市群发展规划的通知》
北部湾城市群	2017年1月20日	2017年2月10日	《国务院关于北部湾城市群发展规划的批复》《国家发展改革委关于印发北部湾城市群发展规划的通知》
关中平原城市群	2018年1月9日	2018年2月2日	《国务院关于关中平原城市群发展规划的批复》《国家发展改革委关于印发关中平原城市群发展规划的通知》
呼包鄂榆城市群	2018年2月5日	2018年2月27日	《国务院关于呼包鄂榆城市群发展规划的批复》《国家发展改革委关于印发呼包鄂榆城市群发展规划的通知》
兰西城市群	2018年2月22日	2018年3月13日	《国务院关于兰州—西宁城市群发展规划的批复》《国家发展改革委关于印发兰州—西宁城市群发展规划的通知》

表2-3(续)

获批国家级城市群	国务院批复时间	印发时间	国务院批复和国家发展改革委印发资料文件
粤港澳大湾区城市群	2019年2月18日	2019年2月18日	《粤港澳大湾区发展规划纲要》①

2.2.2 世界主要多机场系统

维基百科对全球主要多机场系统的分布情况进行了汇总统计，表2-4列出了世界主要多机场系统的分布情况（包含3个以上子机场），但大部分多机场系统仅包含2个子机场（Bonnefoy等，2010）。本部分将重点对伦敦多机场系统、纽约多机场系统以及国内三大多机场系统的发展情况进行介绍。

表2-4 世界主要多机场系统分布情况（包含3个以上的子机场）

城市群	机场个数/个	机场名称	机场位置	是否在市区	与城市中心距离和方向
英国大伦敦城市群	6	伦敦城市机场 (London City Airport)	伦敦道克兰 (London Docklands)	是	11千米/东
		盖特维克机场 (Gatwick Airport)	克劳利，西萨塞克斯 (Crawley, West Sussex)	否	46千米/南
		希思罗机场 (Heathrow Airport)	伦敦希灵顿区 (London Borough of Hillingdon)	是	24千米/西
		伦敦卢顿机场 (London Luton Airport)	卢顿（Luton）	否	48千米/北
		伦敦斯坦斯特德机场 (London Stansted Airport)	特斯福德（Uttlesford）	否	48千米/东北
		伦敦绍森德机场 (London Southend Airport)	罗奇福德区 (District of Rochford)	否	69千米/东

---

① 尽管该区域已经升级到粤港澳大湾区城市群，但从机场的角度来说，之前的珠三角城市群已包括了香港和澳门的机场。为表述方便，本书中继续沿用珠三角多机场系统的表述。此外，本书中的长三角多机场系统不包括安徽省内运输机场。京津冀多机场系统中涉及的机场生产统计数据不包括北京大兴国际机场。

表2-4(续)

城市群	机场个数/个	机场名称	机场位置	是否在市区	与城市中心距离和方向
美国纽约城市群	6	约翰·肯尼迪国际机场（John F. Kennedy International Airport）	牙买加皇后区（Jamaica, Queens）	是	19千米/东南
		拉瓜迪亚机场（LaGuardia Airport）	皇后区东艾姆赫斯特（East Elmhurst, Queens）	是	4千米/东
		长岛麦克阿瑟机场（Long Island MacArthur Airport）	纽约州伊斯利浦（Islip, New York）	否	81千米/东
		纽瓦克自由国际机场（Newark Liberty International Airport）	新泽西州纽瓦克（Newark, New Jersey）	否	8千米/西
		斯图尔特国际机场（Stewart International Airport）	纽约州纽堡（Newburgh, New York）	否	88千米/北
		威彻斯特县机场（Westchester County Airport）	纽约州怀特普莱恩斯（White Plains, New York）	否	53千米/北
美国大洛杉矶城市群	5	好莱坞伯班克机场（Hollywood Burbank Airport）	加利福尼亚州伯班克（Burbank, California）	否	25千米/北
		约翰·韦恩机场（John Wayne Airport）	加利福尼亚州圣安娜（Santa Ana, California）	否	70千米/东南
		安大略国际机场（Ontario International Airport）	加利福尼亚州安大略（Ontario, California）	否	61千米/东
		长滩机场（Long Beach Airport）	加利福尼亚州长滩（Long Beach, California）	否	58千米/南
		洛杉矶国际机场（Los Angeles International Airport）	洛杉矶（Los Angeles）	是	27千米/西南
美国西雅图城市群	4	西雅图-塔科马国际机场（Seattle-Tacoma International Airport）	华盛顿州西塔科（SeaTac, Washington）	否	23千米/南
		波音机场（Boeing Field）	西雅图（Seattle）	是	9.7千米/南
		潘恩菲尔德（Paine Field）	华盛顿州埃弗里特（Everett, Washington）	否	40千米/北
		肯莫尔航空港（Kenmore Air Harbor）	华盛顿州肯莫尔（Kenmore, Washington）	否	25千米/东
澳大利亚墨尔本城市群	3	阿瓦隆机场（Avalon Airport）	维多利亚阿瓦隆（Avalon, Victoria）	否	50千米/西南
		埃森登机场（Essendon Airport）	维多利亚埃森登（Essendon, Victoria）	是	11千米/西北
		墨尔本机场（Melbourne Airport）	维多利亚塔拉马林（Tullamarine, Victoria）	是	20千米/西北

表2-4(续)

城市群	机场个数/个	机场名称	机场位置	是否在市区	与城市中心距离和方向
法国大巴黎城市群	4	戴高乐国际机场 (Charles de Gaulle Airport)	法国鲁瓦西 (Roissy-en-France)	否	31 千米/东北
		奥利机场 (Orly Airport)	奥利 (Orly)	否	18 千米/南
		博韦-提莱机场 (Beauvais-Tille Airport)	提莱 (Tille)	否	90 千米/北
		查隆斯瓦特里机场 (Chalons Vatry Airport)	瓦特里 (Vatry)	否	147 千米/东
俄罗斯莫斯科城市群	4	伏努科沃国际机场 (Vnukovo International Airport)	莫斯科 (Moscow)	是	28 千米/西南
		谢列梅捷沃国际机场 (Sheremetyevo International Airport)	莫斯科州希姆基 (Khimki, Moscow Oblast)	否	29 千米/西北
		茹科夫斯基国际机场 (Zhukovsky International Airport)	莫斯科州茹科夫斯基 (Zhukovsky, Moscow Oblast)	否	40 千米/东南
		多莫杰多沃国际机场 (Domodedovo International Airport)	莫斯科州多莫杰多沃 (Domodedovo, Moscow Oblast)	否	42 千米/东南
日本东京城市群	3	成田国际机场 (Narita International Airport)	千叶成田 (Narita, Chiba)	否	60 千米/东
		羽田机场 (Haneda Airport)	东京多摩川 (Ota, Tokyo)	是	14 千米/南
		茨城机场 (Ibaraki Airport)	茨城县小美玉市 (Omitama, Ibaraki)	否	80 千米/东北
瑞典斯德哥尔摩城市群	3	斯德哥尔摩阿兰达机场 (Stockholm Arlanda Airport)	锡格蒂纳市 (Sigtuna Municipality)	否	37 千米/北
		斯德哥尔摩布罗马机场 (Stockholm Bromma Airport)	布罗玛区 (Bromma borough)	是	7.4 千米/西北
		斯德哥尔摩史卡夫斯塔机场 (Stockholm Skavsta Airport)	尼雪平市 (Nykoping Municipality)	否	100 千米/南
美国旧金山湾区城市群	4	查尔斯·舒尔茨-索诺玛县机场 (Charles M. Schulz-Sonoma County Airport)	加利福尼亚州索诺玛县 (Sonoma County, California)	否	87 千米/西北
		奥克兰国际机场 (Oakland International Airport)	加利福尼亚州阿拉米达县 (Alameda County, California)	否	19 千米/东南
		旧金山国际机场 (San Francisco International Airport)	加利福尼亚州圣马特奥县 (San Mateo County, California)	否	18.3 千米/南
		圣何塞国际机场 (San Jose International Airport)	加利福尼亚州圣何塞 (San Jose, California)	否	63 千米/东南

表2-4(续)

城市群	机场个数/个	机场名称	机场位置	是否在市区	与城市中心距离和方向
美国迈阿密城市群	3	迈阿密国际机场（Miami International Airport）	佛罗里达州迈阿密戴德县（Miami-Dade County, Florida）	否	13千米/西北
		劳德代尔堡—好莱坞国际机场（Fort Lauderdale - Hollywood International Airport）	佛罗里达州布劳沃德县（Broward County, Florida）	否	34千米/北
		棕榈滩国际机场（Palm Beach International Airport）	佛罗里达州西棕榈滩（West Palm Beach, Florida）	否	166千米/北
美国波士顿城市群	3	洛根国际机场（Logan International Airport）	波士顿（Boston）	是	4千米/东
		曼彻斯特—波士顿地区机场（Manchester-Boston Regional Airport）	新罕布什尔州曼彻斯特（Manchester, New Hampshire）	否	81千米/西北
		格林机场（T. F. Green Airport）	罗德岛沃里克（Warwick, Rhode Island）	否	95千米/南

2.2.2.1 伦敦多机场系统

英国大伦敦城市群是英国最大的城市群，共包括33个行政区（伦敦和周围32个行政区，见图2-1），面积为1 569平方千米，总人口889.94万人（2019年），地区生产总值占全英国国内生产总值的22%，约85%的就业人口从事服务业相关行业，拥有欧洲最大的证券交易所——伦敦证券交易所。伦敦证券交易所100强上市公司中的一半以上（富时100强）和欧洲500强公司中的100多家公司的总部位于伦敦市中心。富时100强公司中有70%以上位于伦敦都会区，而财富500强公司中有75%在伦敦设有办事处。伦敦被评为全球最具竞争力的金融中心之一（仅次于纽约）。旅游业是伦敦的主要产业之一。伦敦是十大最受欢迎的旅游胜地之一，也是国际游客参观人数最多的城市之一。高度发达的区域经济为多机场系统的形成和发展提供了有力保障与支撑。

伦敦多机场系统包括6个子机场：伦敦城市机场（LCY）、盖特维克机场（LGW）、希思罗机场（LHR）、伦敦卢顿机场（LTN）、伦敦斯坦斯特德机场（STN）、伦敦绍森德机场（SEN），其地理分布如图2-2所示。

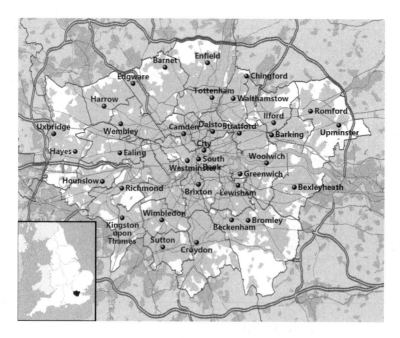

图 2-1　大伦敦城市群

根据英国民航局（CAA）对伦敦多机场系统旅客出行的调查结果（2006），希思罗机场是伦敦人最喜欢的机场，约50%伦敦人选择从希思罗机场出发。希思罗机场、盖特维克机场和伦敦斯坦斯特德机场是区域最主要机场，满足这个城市群90%的航空出行需求。靠近伦敦的机场会吸引更多的伦敦市区旅客，伦敦城市机场的旅客中本地出行需求占78%，伦敦卢顿机场的旅客中只有33%来自伦敦市区。

2.2.2.2　纽约多机场系统

纽约城市群是美国城市面积最大的城市区域，总面积为34 493平方千米。纽约城市群包括纽约市（美国人口最多的城市）、长岛以及纽约州的哈德逊河谷中下游地区；新泽西州的5个最大城市（纽瓦克、泽西城、帕特森、伊丽莎白和爱迪生）及附近地区；康涅狄格州的7个最大城市中的6个（布里奇波特、纽黑文、斯坦福德、沃特伯里、诺沃克和丹伯里）及附近地区。纽约城市群也是美国东北部城市群的重要组成部分。纽约城市群是美国人口最多的城市区域，大约每16个美国人中就有1个人居住在这

图 2-2 伦敦多机场系统空间位置示意图

个地区。纽约城市群共有约 2 258.9 万人（2019 年）[①]，约占全美总人口的 6%。该区域在美国乃至全球都具有重要地位，是很多行业的中心，包括金融、国际贸易、新闻和传统媒体、房地产、教育、旅游、文体、生物技术以及法律和制造业等行业。截至 2019 年年底，纽约大都会区国民生产总值约为 2.0 万亿美元（约合 13 万亿元人民币），相当于世界第八大经济体。纽约城市群范围示意图如图 2-3 所示（图片来源：维基百科）。

① 根据美国管理和预算局（OMB）的定义，美国核心的统计区域（core-based statistical area，CBSA）分为大都市统计区域和小都市统计区域（metropolitan or micropolitan statistical areas，MSA）。其中，每个大都市统计区域必须至少有一个城镇化区域，该区域的居民人数为 50 000 人以上。每个小都市统计区域必须至少有一个居民人数 10 000 人以上、50 000 人以下的城市群。合并统计区域（combined statistical area，CSA）合并了具有中等社会和经济联系的相邻 CBSA，CSA 中的 CBSA 之间的联系不如任何单个 CBSA 中的县之间的联系牢固。本书中的纽约城市群介绍所采用的是 CSA 统计数据，2020 年共有 175 个 CSA（包括波多黎各联邦的 3 个），392 个 MSA（包括波多黎各联邦的 8 个）。

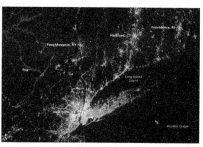

图 2-3　纽约城市群范围示意图

纽约多机场系统共有 6 个机场，其中约翰·肯尼迪国际机场（JFK）、拉瓜迪亚机场（LGA）和纽瓦克自由国际机场（EWR）是 3 个主要机场，其余 3 个机场是长岛麦克阿瑟机场（ISP）、斯图尔特国际机场（SWF）、威彻斯特县机场（HPN）。JFK、LGA、EWR 和 SWF 均由纽约新泽西港务局（PANYNJ）统一管理，其余机场由所在地政府管理。JFK 和 EWR 之间有区域铁路系统连接。JFK 是进入美国的重要国际通航点，2019 年旅客吞吐量为 6 255 万人，货邮吞吐量为 143 万吨。

纽约多机场系统属于 B 类空域，容量已达到严重饱和，美国境内大约 40% 的航班延误发生在纽约多机场系统。尽管 FAA 限制了每小时航班量，但是其延误水平仍然处于美国机场排名的前五位。为此，机场管理当局考虑将航班疏散到周边机场，如大西洋城国际机场（ACY）、里海谷国际机场（ABE）、布拉德利国际机场（BDL）和特威德纽黑文地区机场（HVN）。2013 年 7 月，PANYNJ 接管了 ACY。纽约多机场系统空间位置和服务范围如图 2-4 所示。

图 2-4 纽约多机场系统空间位置和服务范围

2.2.2.3 京津冀多机场系统

京津冀城市群涵盖北京市、天津市和河北省共两市一省的全域范围，总面积 21.72 万平方千米，国民生产总值为 8.46 万亿元（2019 年），总人口为 9 936 万人。该区域的协同发展战略已成为中共十八大以来实现京津冀优势互补、促进环渤海经济区发展、带动中国北方腹地发展的重大国家战略。2015 年 4 月 30 日，中共中央政治局召开会议审议通过了《京津冀协同发展规划纲要》。按照规划，北京市的定位为全国政治中心、文化中心、国际交往中心、科技创新中心；天津市的定位为全国先进制造研发基地、北方国际航运核心区、金融创新运营示范区、改革开放先行区；河北省的定位为全国现代商贸物流重要基地、产业转型升级试验区、新型城镇化与城乡统筹示范区、京津冀生态环境支撑区。京津冀城市群协同发展的远期目标是到 2030 年，首都核心功能更加优化，京津冀区域一体化格局基本形成，区域经济结构更加合理，生态环境质量总体良好，公共服务水平趋于均衡，成为具有较强国际竞争力和影响力的重要区域，在引领和支撑

全国经济社会发展中发挥更大作用。京津冀城市群的空间格局如图 2-5
所示。

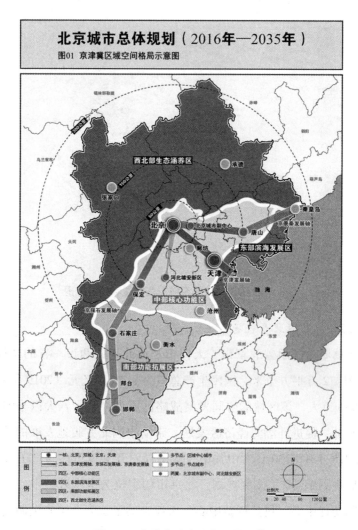

图 2-5　京津冀城市群空间格局①

京津冀多机场系统目前有 9 个机场，分别是北京首都国际机场和大兴
国际机场（2 个），天津滨海国际机场（1 个），河北省石家庄正定国际机
场、张家口宁远机场、唐山三女河机场、邯郸马头机场、秦皇岛山海关机

① 图片来源：《北京城市总体规划（2016—2035 年）》。

场和承德普宁机场（6个）。根据《全国民用机场布局规划》，到2025年，河北省新增4个运输机场（邢台、沧州、康保、丰宁），届时京津冀多机场系统将增加至13个机场的总规模，达到每万平方千米0.6个。其中北京首都国际机场、大兴国际机场、天津滨海国际机场和石家庄正定国际机场的旅客吞吐量占到该多机场系统的95%左右，属于系统主要机场，其余机场为二级机场。

2.2.2.4　长三角多机场系统

根据2016年6月国务院批准的《长江三角洲城市群发展规划》，长三角城市群在上海市、江苏省、浙江省、安徽省范围内，由以上海市为核心、联系紧密的多个城市组成，主要分布于国家"两横三纵"城市化格局的优化开发和重点开发区域。长三角城市群的规划范围包括上海市和江苏省、浙江省和安徽省的26个城市，总面积约21万平方千米。《长江三角洲城市群发展规划》指出，长三角城市群是我国经济最具活力、开放程度最高、创新能力最强、吸纳外来人口最多的区域之一，是"一带一路"与长江经济带的重要交汇地带，在国家现代化建设大局和全方位开放格局中具有举足轻重的战略地位。

2019年12月，中共中央、国务院印发《长江三角洲区域一体化发展规划纲要》，规划范围扩大到上海市、江苏省、浙江省、安徽省全域（总面积35.8万平方千米），核心城市增加了温州市，中心区扩大到27个城市，提出以上海临港等地区为中国（上海）自由贸易试验区新片区，打造与国际通行规则相衔接、更具国际市场影响力和竞争力的特殊经济功能区。到2035年，长江三角洲区域一体化发展将达到较高水平，现代化经济体系基本建成，城乡区域差距明显缩小，公共服务水平趋于均衡，基础设施互联互通全面实现，人民基本生活保障水平大体相当，一体化发展体制机制更加完善，整体达到全国领先水平，成为最具影响力和带动力的强劲活跃增长极。从航空运输与区域经济关系的角度来看，这一地区的航空运输市场也将成为我国需求最为旺盛、发展前景最为广阔、机场群建设与发展最为活跃的区域。

本书对长三角多机场系统的界定范围为江苏省、浙江省、上海市两省一市的所有运输机场。目前，运输机场共有 18 个，包括上海市 2 个、江苏省 9 个、浙江省 7 个，另外规划建设嘉兴市和丽水市两个机场，区域内机场密度将进一步提高。长三角多机场系统形成了以上海浦东国际机场和虹桥国际机场为亚太地区国际枢纽门户机场，以杭州萧山国际机场、南京禄口国际机场为区域枢纽门户机场，以无锡苏南硕放国际机场、宁波栎社国际机场、温州龙湾国际机场等为主要二级机场的多层级结构的机场体系。区域内年旅客吞吐量 1 000 万人次以上的机场有 6 座，分别为上海浦东国际机场、上海虹桥国际机场、杭州萧山国际机场、南京禄口国际机场、宁波栎社国际机场、温州龙湾国际机场。区域内地面交通网络较为发达，根据 2020 年 4 月国家发展改革委和交通运输部印发的《长江三角洲地区交通运输更高质量一体化发展规划》（发改基础〔2020〕529 号），到 2025 年，中心城市之间享受 1~1.5 小时客运服务，上海大都市圈以及南京、杭州、合肥、苏州、无锡、常州、宁波都市圈内享受 1 小时公交化通勤客运服务。交通一体化程度的不断提高为区域内航空乘客快速便捷的出行提供了支撑，同时也加大了系统内各机场辐射范围的交叉重叠度，各机场在客源争夺上竞争激烈，中小机场在竞争中被边缘化的现象日益突出。

2.2.2.5 珠三角多机场系统

珠江三角洲城市群包括香港特别行政区、澳门特别行政区和广东省 9 个市（广州市、深圳市、珠海市、佛山市、惠州市、东莞市、中山市、江门市、肇庆市），总面积约 5.6 万平方千米，总人口约 7 000 万人（2018 年），是我国开放程度最高、经济活力最强的区域之一。2019 年 2 月，中共中央、国务院颁布实施《粤港澳大湾区发展规划纲要》，该区域发展战略正式上升为国家战略。粤港澳大湾区区位优势明显，经济实力雄厚，创新要素集聚，国际化水平领先，合作基础良好，发展定位为充满活力的世界级城市群、具有全球影响力的国际科技创新中心、"一带一路"建设的重要支撑、内地与港澳深度合作示范区以及宜居宜业宜游的优质生活圈。《粤港澳大湾区发展规划纲要》明确指出，到 2035 年，大湾区形成以创新为主要支撑的经济体系和发展模式，经济实力、科技实力大幅跃升，国际竞争力、影响力进一步增强；大湾区内市场高水平互联互通基本实现，各类资源要素高效便捷流动；区域发展协调性显著增强，对周边地区的引领带动能力进一步提升；人民生活更加富裕；社会文明程度达到新高度，文化软实力显著增强，中华文化影响更加广泛深入，多元文化进一步交流融合；资源节约、集约利用水平显著提高，生态环境得到有效保护，宜居宜业宜游的国际一流湾区全面建成。

珠三角多机场系统内目前共建有 7 个民用运输机场：广州白云国际机场、深圳宝安国际机场、珠海金湾机场、佛山沙堤机场、惠州平潭机场、香港国际机场和澳门国际机场。《粤港澳大湾区发展规划纲要》明确提出建设世界级机场群，巩固提升香港国际航空枢纽地位，提升广州白云国际机场和深圳宝安国际机场国际枢纽竞争力，增强澳门国际机场、珠海金湾机场等机场功能，推进大湾区机场错位发展和良性互动。三大核心机场（香港国际机场、广州白云国际机场和深圳宝安国际机场）之间的航空服务市场范围交错重叠，在客源和货源市场方面客观上存在着竞争关系，经营同质化倾向比较严重，空域使用效率有待优化提升，系统内部的竞争性关系较为突出。

2.3 区域多机场系统演化发展模式

2.3.1 多机场系统形成和发展的内在机制

多机场系统的形成并不是一蹴而就的，对其形成机理的认识有助于更深刻地把握多机场的特征和发展规律，并对如何引导多机场系统科学有序发展具有重要意义。从世界范围内的多机场系统的形成情况来看，区域多机场系统一般是由下面的一个或多个因素相互作用的结果。

2.3.1.1 多机场系统是区域经济和航空需求发展到一定水平的必然产物

从国内外发展情况来看，现存的大多数多机场系统一般分布在经济较为发达的地区。例如，美国的多机场系统多数分布在纽约、洛杉矶、旧金山等城市群，欧洲的多机场系统多数分布在伦敦、巴黎等城市群，亚洲的多机场系统集中在日本的东京城市群和韩国首尔城市群。这些区域都是所在国家的经济中心或经济发达地区。就我国来说，最典型的三大多机场系统所在城市群也是我国经济发展水平最高的区域。区域经济的快速发展势必产生旺盛的航空出行需求。当一个地区的航空运输需求达到一定的水平后，原来单一的机场就不能满足区域航空运输需求。美国麻省理工学院教授纽维尔（Neufville）指出，当城市群内的年始发航空旅客量达到1 500万人次时（不包括中转客流量），该区域应该考虑发展多机场系统（De Neufville & Odoni，2013）。

2.3.1.2 多机场系统是城市群综合交通运输体系发展到一定阶段的必然选择

随着城市群地面综合交通体系的不断完善，区域交通一体化程度日益加深，同城化趋势使得城市间地理界限逐步被弱化，发达的地面综合交通系统为区域多机场系统的形成和发展提供了基础支撑。特别是城际高速铁路的发展，极大地缩短了机场间的时空距离，机场服务的腹地范围交叉重叠，航空旅客的出行需求可以在更广范围内实现，多机场系统也进而与区域地面交通系统的一体化程度得以加强，航空运输方式与其他交通方式的中转衔接更为便捷。

2.3.1.3 多机场系统是城市群产业结构转型升级和提高居民均等化航空服务水平的客观需要

作为一个国家和区域参与世界竞争的重要载体和平台，城市群的发展离不开多机场系统的有力支撑。在区域一体化和经济全球化推动下，城市群内产业结构需要向以高新技术产业和现代服务业为主的模式转变，从而对机场发展提出更高要求。在规模经济、范围经济和网络经济等效应的作用下，区域多机场系统成为城市群航空运输发展的必然。多机场系统的功能定位、空间布局和航线网络结构等需要以城市群产业结构升级为导向，发挥其溢出效应来影响区域经济运行，通过集聚经济、流通贸易等方式来促进技术创新和扩散，推动区域产业的转型升级，进而刺激产生更多航空需求，使城市群和多机场系统进入良性互动发展状态。此外，旅游业在国民经济发展中的作用越来越明显，而机场和旅游业的发展密不可分。随着区域内机场密度的提高和航空网络的完善，多机场系统在满足区域内航空旅游出行需求的总体需要的同时，也有助于满足城市群内均等化航空运输服务需求。

需要指出的是，政策或技术原因也是多机场系统形成的重要动因（Bonnefoy 等，2010；翁亮，2008）。

2.3.2　多机场系统的演化模式

按照系统论的观点，多机场系统的规模不可能无限制增长，其演化过程必须遵循一定的演化模式，研究和分析其演化模式对于指导提出我国多机场系统发展策略和明确未来发展的目标与方向具有重要意义。

参考邦内福伊（Bonnefoy）的研究（Bonnefoy，2008），本书将多机场系统的演化模式分为以下四类[①]：

2.3.2.1　多机场系统模式一

城市群内出现新机场，承担原有主要机场的航空溢出需求，但市场份额小于原有主要机场。新机场成为系统的二级机场，该种模式在亚太地区范围内比较常见。

2.3.2.2　多机场系统模式二

城市群内出现的新机场替代和超过了原有主要机场，成为区域民航运输的主要承担者。此模式下原有主要机场受到容量限制等因素约束，所承担的航空客货需求趋于饱和和稳定，但新机场通过吸取现有机场发展经验，通过科学规划和建设，与市场紧密度更高。随着时间的推移，新机场在区域航空市场中逐渐占据主导地位。

2.3.2.3　多机场系统模式三

城市群内出现新机场而逐步取代原有主要机场，而原有主要机场被停用，或者根据区域航空运输发展状况，原有机场在一定时期后又被重新启用。

---

① 邦内福伊（Bonnefoy）论文中的第一种模式实际上是单机场模式，本书认为不符合多机场定义，因此将其剔除。

2.3.2.4　多机场系统模式四

城市群内出现多个新机场，这些新机场与原有主要机场形成层次结构清晰、功能定位互补的多机场系统。该模式可以看成对以上三种模式的综合。

多机场系统中新机场可以通过以下两种方式实现：第一，在城市群内新建或改（扩）建现有机场；第二，利用周边既有机场。按照地域分布，第一种方式主要出现亚太地区和拉丁美洲地区，而欧美地区倾向于第二种方式（见表2-5）。第二种方式集中于欧美地区的原因在于这些地区的机场布局体系较为完善，主要机场在容量提升方面受资源和环境限制约束较大；同时，主要机场周围的那些未被充分利用的机场设施条件较好，发展周边机场成为二级机场具有较好经济性和可行性。与之相反，亚太地区多机场系统形成和发展主要是通过建设更大的新机场（新建或改建和扩建），用以减少主要机场容量不足引起的拥堵和航班延误问题。值得说明的是，随着这些地区的多机场系统的逐步完善，其中的新机场也将采用第二种方式。

表2-5　区域多机场系统中新机场出现方式统计　　　单位:%

地区	利用周边既有机场	新建机场
欧洲	81	19
北美	81	19
中东	50	50
拉丁美洲	20	80
亚洲、环太平洋	10	90

以上每种模式在整体上的演化规律可以分为以下四个阶段：

（1）形成阶段。无论哪种模式的多机场系统，在形成初期的各机场的规模都比较小，服务范围主要是集中在各个机场所在地城市，腹地市场的相互重叠度不高。

（2）成长阶段。在该阶段，主要机场规模达到较高水平，对周边机场的影响逐步扩大。同时，地面综合交通网络逐渐完善，二级机场的市场规模也在逐渐增加，市场集中度随之下降，系统内部各机场的功能定位和航空服务的同质化现象突出，出现不同程度的无序竞争。

（3）协调阶段。经过成长阶段的快速发展，多机场系统的总体规模达到较高水平，区域内航空需求基本得到满足，航空运输的主要目标向服务差异化、多样化以及质量提升等方面转变。机场间定位相对明确，与城市群发展相适应、协调。

（4）成熟阶段。在该阶段，多机场系统内各个机场的功能定位、航空市场范围基本确立，相互间合作大于竞争，在系统内部形成良好的共生关系。

2.3.3 多机场系统航线网络布局模式

多机场系统航线网络布局模式可以简化为如图 2-6 所示的 3 种模式（Chen，1995）。

模式 1：在该模式下，多机场系统的内部机场（primary airport 和 secondary airport）分别与系统外非枢纽机场（spoke airport）有航线直接相连。

模式 2：该模式下，多机场系统侧重于与系统外重要枢纽机场（hub airport）的航线直接相连接，并可以通过该重要枢纽中转到其他非枢纽节点。

模式 3：该模式下，不同的多机场系统间相互有航线直接连接。

在以上模式中，多机场系统内各机场间的中转衔接通过地面交通实现。

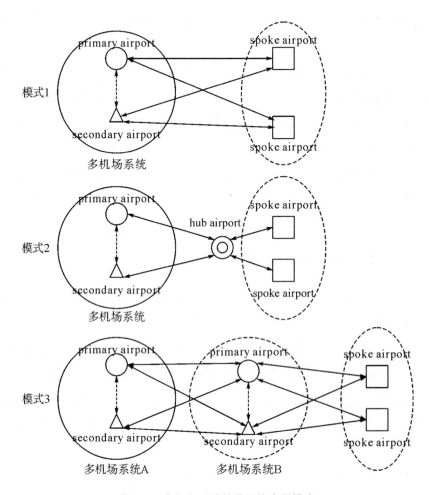

图 2-6 多机场系统航线网络布局模式

2.4 我国多机场系统存在的主要问题

多机场系统对于城市群航空运输服务水平的提高具有不可替代的重要作用。然而，从我国的现实情况来看，多机场系统目前大多数处于发展的成长期，系统内主要机场资源不足和二级机场资源过剩两种状态并存的结构性矛盾比较突出。其具体表现为：

一是普遍存在航空运输业务量过分集中于系统的主要机场的情况，并因此造成核心城市机场设施和资源使用情况全面紧张、机场服务质量下降、机场周围环境压力增大等问题，又由于土地和资源限制等原因，对这些机场实施扩建的成本非常高昂，机场的规模经济优势正在逐渐丧失。与此同时，二级机场利用率长期处于较低水平或波动程度很大，各种设施、资源效能不能得到充分发挥，整个区域范围内机场资源的总体利用率水平不高。

二是大部分多机场系统内的航线网络结构同质性较强，无序竞争现象严重。由于对区域内的航线网络建设以及运力分配缺少统一规划，处于成长期的多机场系统内各机场航线通航点存在不同程度的重叠，甚至是完全重叠，如无锡苏南硕放国际机场、常州奔牛国际机场和南通兴东国际机场与上海浦东国际机场的国内通航点的生态重叠度达到100%。

三是多机场系统的空域结构通常较为复杂，航班密集，飞行流量较大，航路运行冲突多，拥堵问题突出，空域资源紧张。空域因素已经成为制约大多数多机场系统协同可持续发展的瓶颈因素。

四是多机场系统内部的中转衔接还不够通畅。尽管地面综合交通已经比较发达，在对城市群内有多个机场共同服务于区域航空市场，但多数还处于概念性的阶段，机场间的有机衔接和换乘（包括空空中转、空地中转）以及实际的一体化程度还远远不够。从旅客出行角度来说，对多机场系统模式的市场认可度也有待提升，需要加大宣传和推销力度。

五是多机场系统与城市群的功能匹配度还需要进一步加强，系统内各个机场的定位往往仅限于机场所在地的城市发展目标，忽视了城市群总体发展目标。同时机场与城市群区域经济的协调度不相匹配和适应。以长三角多机场系统为例，江苏省地区生产总值居全国第二位（2019年），但人均航空出行次数为0.72次，低于全国平均水平（0.97次），更低于多机场系统的平均出行次数（1.53次）。

2.5　本章小结

本章首先对多机场系统的定义进行了梳理，提出多机场系统的概念；

其次，在城市群整理的基础上，对全球典型多机场系统进行了详细介绍；再次，对多机场系统的形成发展内在机制、演化模式、航线网络布局模式进行分析；最后，总结了我国多机场系统存在的主要问题。

本章参考文献

［1］ BONNEFOY P A. Scalability of the air transportation system and development of multi-airport systems：A worldwide perspective ［D］. Cambridge：Massachusetts institute of technology，2008.

［2］ BONNEFOY P A, DE NEUFVILLE R, HANSMAN R J. Evolution and development of multiairport systems：Worldwide perspective ［J］. Journal of transportation engineering，2010，136（1）：1021-1029.

［3］ CHEN E. Competitive behavior of airlines at multiple airport systems ［D］. Cambridge：Massachusetts institute of technology，1995.

［4］ DE NEUFVILLE R. Planning for multiple airports in a metropolitan region ［J］. Built environment，1984，10（3）：159-167.

［5］ DE NEUFVILLE R, ODONI A R. Airport systems：planning, design, and management ［M］. New York：Mcgraw-hill education llc，2013.

［6］ FASONE V, GIUFFRE T, MAGGIORE P. Multi-airport system as a way of sustainability for airport development：Evidence from an Italian case study ［J］. Procedia - social and behavioral sciences，2012，53：96-105.

［7］ FIELDER W R, FEENEY G. Inquiring about cities：Studies in geography and economics ［M］. New York：Holt, rinehart and winston，1976.

［8］ HANSEN M, WEIDNER T. Multiple airport systems in the United States：Current status and future prospects ［J］. Transportation research record，1995：8-17.

［9］SUN X, WANDELT S, HANSEN M, et al. Multiple airport regions based on inter-airport temporal distances ［J］. Transportation research part E: Logistics and transportation review, 2017, 101 （c）: 84-98.

［10］冯霞, 蔡蕤, 刘才华, 等. 融合机场属性和机场网络的机场群同质化级联分析 ［J］. 北京交通大学学报, 2020, 44 （2）: 105-111.

［11］刘佳, 王莉莉. 基于机场群的航班选择机场模型分析研究 ［J］. 交通运输工程与信息学报, 2013 （2）: 77-81.

［12］吴刚. 基于枢纽机场的机场群协作运行与管理关键理论与方法研究 ［D］. 南京: 南京航空航天大学, 2015.

［13］吴刚, 夏洪山, 高强. 机场群运行方式下的航班时刻与频率优化模型 ［J］. 交通运输工程学报, 2013 （4）: 79-86.

［14］周慧艳, 石丽娜, 张旭, 等. 我国区域多机场复合系统协调发展研究 ［J］. 南京航空航天大学学报 （社会科学版）, 2011 （2）: 48-52.

［15］姚士谋, 陈振光, 叶高斌, 等. 中国城市群基本概念的再认知 ［J］. 现代城市, 2015 （1）: 73-82.

［16］宋聂. 基于多机场系统的航线网络规划 ［D］. 南京: 南京航空航天大学, 2016.

［17］屈云茜. 我国多机场系统的内涵、分类与特性 ［J］. 厦门理工学院学报, 2014 （4）: 51-56.

［18］张宁. "一带一路" 战略下的粤港澳大湾区机场群一体化发展建议 ［J］. 民航管理, 2017 （11）: 68-71.

［19］张越. 珠江三角洲区域多机场系统协调运营有关问题的研究 ［D］. 上海: 同济大学, 2007.

［20］徐爱庆. 区域多机场系统营运及评价 ［D］. 南京: 南京航空航天大学, 2018.

[21] 徐爱庆，陈欣，朱金福. 基于累积前景理论的机场群旅客出行决策行为分析. 交通运输系统工程与信息，2018（6）：14-21.

[22] 徐睿阳. 区域多机场航线网络优化研究［D］. 天津：中国民航大学，2020.

[23] 方创琳，王振波，马海涛. 中国城市群形成发育规律的理论认知与地理学贡献［J］. 地理学报，2018，73（4）：651-665.

[24] 曹允春，程彦. 动态多机场生命周期理论与航空运输协同发展［J］. 民航管理，2（232）：32-36.

[25] 曹小曙，廖望. 全球多机场区域空间格局与类型划分［J］. 地理科学进展，2018，37（11）：1473-1484.

[26] 杨学兵. 我国世界级机场群聚类分析与精准施策研究［J］. 民航管理，2020（4）：48-54.

[27] 杨阳. 多机场区域内新机场选址及其航线规模优化研究［D］. 大连：大连海事大学，2013.

[28] 林思奇，吴薇薇，刘雪妮. 基于 Dendrinos-Sonis 模型的机场群内机场间竞合关系研究［J］. 武汉理工大学学报，2020，44（5）：859-864.

[29] 王倩，杨新湦. 珠江三角洲城市群与机场群协同发展战略［J］. 交通企业管理，2016（8）：59-62.

[30] 翁亮. 区域多机场复合系统协调发展研究［D］. 天津：中国民航大学，2008.

[31] 翁亮，田琳，刘晏滔. 京津冀区域多机场系统的和谐发展之路［J］. 综合运输，2007（10）：25-29.

[32] 郝媛，全波. 世界级城市群目标下京津冀机场群发展策略［J］. 城市交通，2016（3）：67-71，80.

[33] 陈兆鹏. 我国区域多机场发展的现状及对策分析［J］. 中国民用航空，2012（9）：22-24.

[34] 陈团生. 多机场系统运营特征及发展策略分析 [J]. 中国民用航空, 2008 (7): 59-61.

[35] 陈梵驿, 杨新湦, 翟文鹏. 基于决策树 C4.5 算法的京津冀机场群航线网络优化 [J]. 中国科技论文, 2017, 12 (7): 798-801.

[36] 陈欣, 李心茹, 戴靓, 等. 基于复杂网络的机场群航线网络动态特征分析 [J]. 交通科技与经济, 2020, 22 (3): 5-11, 41.

[37] 韦薇. 基于枢纽机场的长三角机场群协调运行管理关键理论与方法研究 [D]. 南京: 南京航空航天大学, 2014.

3 多机场系统的航空需求
预测和均衡配流方法及应用

对多机场系统航空客流需求的预测，是区域多机场系统规划过程的重要组成部分，需要将多机场系统规划过程与区域内的地面交通服务水平相结合。这种区域航空客运需求的预测分析是以城市群整体角度作为基本决策单元，而不是以传统的单个机场所在城市为决策单元。尽管已经有相当多的研究试图模拟航空旅客的机场选择问题（包括不同航空公司和机场的选择）或航空旅客前往机场的地面接入方式的选择问题（不同地面出行方式的选择）。然而，以多机场为决策单元，在城市群层面上对航空旅客的出行生成进行建模以及基于多机场系统的航空需求预测工作尚不多见，而这些研究对多机场系统的航空旅客需求分配、设施规划和资源调配具有重要影响。因此，在区域多机场系统规划和开发过程中，需要格外注意。

首先，本章介绍了基于区域多机场系统的航空客流需求预测方法。不同于传统的单机场的航空客流需求分析，我们以多机场系统为基本单元分析城市群多机场系统的航空客流需求，采用在城市交通规划中有广泛应用基础的交通四阶段法（four step travel model）作为预测框架，为基于区域多机场系统的航空客流需求分析建立较为普遍适用的研究框架：第一，进行航空需求总量预测（trip generation）和航空需求结构分布预测（trip distribution）；第二，在此基础上，再将不同目的地城市的航空需求总量分配到多机场，并进行区域内各子机场选择的预测（airport choice）；第三，分析得出单机场需求分配（trip assignment）结果。

其次，本章应用上述预测方法分析了长三角多机场系统的航空客流需求。

再次，本章介绍了基于 Bagging 指数平滑方法的航空客运短期需求分析。

最后，本章构建了多机场系统的均衡配流模型并进行了验证。

3.1　多机场系统航空客流需求预测方法

3.1.1　区域航空需求总量预测

（1）本书从多机场系统的整体出发，建立航空需求发生量 T_{out} 与城市群经济社会指标（人均 GDP、人口规模和结构、就业和产业结构、旅游业条件、对外贸易额、城市化水平、公路和高铁网络等）的计量经济回归模型，预测航空需求发生量 T_{out}。航空需求发生量是指从某多机场系统内各个子机场始发到该多机场系统外其他机场的所有航空客流量。

（2）本书建立了基于多机场系统的历史航空需求吸引量的时间序列预测模型，预测航空需求吸引量 T_{in}。航空需求吸引量是指从区域外其他机场始发到本多机场系统内各子机场的所有航空客流量。

（3）本书预测航空需求总量 $T_{total} = T_{in} + T_{out}$。

3.1.2 区域航空需求结构分布预测

航空需求总量是对区域多机场系统航空出行活动规模的整体把握，而对于多机场系统与不同目的地城市之间的起讫点航空需求（OD 航空需求）的分析是基于对航空需求结构分布进行研究得到的。航空需求结构分布（见图3-1）预测是将航空需求发生量 T_{out} 和航空需求吸引量 T_{in} 分配到各个目的地城市，建立区域多机场系统与各个目的地城市的起讫点航空需求。更为具体的，我们可以采用随机重力模型分析区域多机场的起讫点航空需求矩阵 OD（Silva et al.，2006）。矩阵 OD 的第 i 行 j 元素为：$T_{ij} = \alpha_0 y_i^{\alpha_1} y_j^{\alpha_2} c_{ij}^{\alpha_3} \varepsilon_{ij}$。

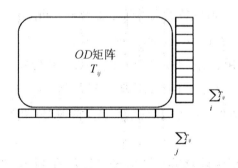

图 3-1　需求结构分布

其中，T_{ij} 表示多机场 i 与目的地城市 j 的起讫点航空需求量，α_0，α_1，α_2，α_3 为运算参数，y_i，y_j 分别为多机场 i 和目的地城市 j 的 GDP 值，c_{ij} 为关于多机场 i 和目的地城市 j 之间的阻抗成本，ε_{ij} 为关于多机场 i 和目的地

城市 j 之间需求的随机误差因子，其期望值满足 $E(\varepsilon_{ij}|y_i,\ y_j,\ c_{ij}) = 1$。航空总需求量为 $T_{total} = \sum\limits_{i} T_{ij} = \sum\limits_{j} T_{ij}$。

3.1.3 区域内子机场选择分析

在进行区域内机场选择分析时，我们需要将多机场系统的 OD 航空需求分配到内部的各个子机场，涉及机场选择问题。既有研究中多是利用多项 Logit 模型（multinomial logit model，MNL 模型）来进行分析，但是该模型中的随机效用函数通常设定为特性变量的线性函数形式，忽略了选择方式与其影响因素之间的非线性关系以及因素间的相互作用。此外，该模型中无关方案独立性假设（independence of irrelevant alternatives，IIA）否定了备选项间可能存在的相关性，会引起"红蓝巴士问题"，特别是当多机场系统中出现新机场时，MNL 模型对机场选择行为解释（包括相似效应、吸引效应）的准确性将受到较大影响。这些不足弱化了 MNL 模型的分析能力（Newman & Bierlaire，2009；Otsuka & Osogami，2016；赵凤彩和吴彦丽，2008）。

本书结合旅客出行问卷调查数据，并综合考虑机场容量、区域地面交通时间、选择意愿等重要影响因素，运用受限玻尔兹曼机（Restricted Boltzmann Machine，RBM）预测模型将航空需求总量按比例分配到各个多机场系统（Osogami & Otsuka，2014；Wong 等，2018），得到第 i 个多机场系统内子机场 m 与目的地城市 j 的航空需求比例 P_{ij}^m，且 $\sum\limits_{m} P_{ij}^m = 1$。

3.1.4 单机场航空需求分配

本书在对多机场系统 i 中的子机场 m 进行需求分配时，建立多机场系统 i 的单机场起讫点航空需求矩阵 OD_i，矩阵 OD_i 的第 m 行 j 列元素 T_{mj} 表示子机场 m 与目的地城市 j 的起讫点航空需求量，$T_{mj} = T_{ij}P_{ij}^m$，则多机场系统 i 内的子机场 m 的航空需求总量为 $T_i^m = \sum\limits_{j=1}^{J} T_{mj} = \sum\limits_{j=1}^{J} T_{ij}P_{ij}^m$。$J$ 为目的地城市的总数量，P_{ij}^m 为多机场系统 i 内子机场 m 与目的地城市 j 的航空需求比例。

与其他传统的预测方法相比，以上方法能够具有以下比较优势：

第一，改变了传统以单个机场为研究对象的研究方法，以多机场系统为单元进行研究，为航空客流需求预测提供了一种新的研究思路。

第二，对航空需求发生量和航空需求吸引量分别进行研究，能够提升一些特殊客流导向的机场的预测结果准确性，比如以旅游为客流导向的机场。

第三，结合数据类型和数据相关性进行模型选择，更合理地使用数据，可以得到更为准确的预测结果。

第四，采用在城市交通分析规划中有广泛应用基础的交通四阶段法作为预测框架，可以为基于区域多机场系统的航空客流需求分析建立较为普遍适用的研究框架。

3.2 长三角多机场系统航空客运需求应用分析

3.2.1 航空运输需求与经济发展的关系

经济因素是影响航空市场资源价值和流动的最根本的因素之一（见图 3-2，Hansman，2002）。

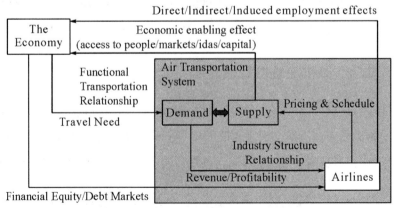

图 3-2　航空需求和经济相互关系示意图

　　经济增长从多个方面促进航空运输需求的增加：生产和投资的增加形成更多商务活动，从而实现公务旅客、商务旅客的增长；收入提高和消费的增长促进了对于航空旅行的消费需求；出口和进口的增加促进了国际商务活动的增长和国际航空货运的发展。从世界范围来看，1970—2010 年，各区域民航运输客运量与地区生产总值表现出较为相似的波动趋势（见图3-3，Ishutkina & Hansman，2008）。

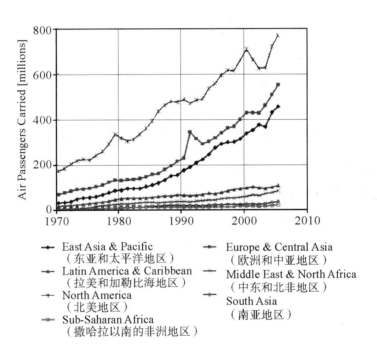

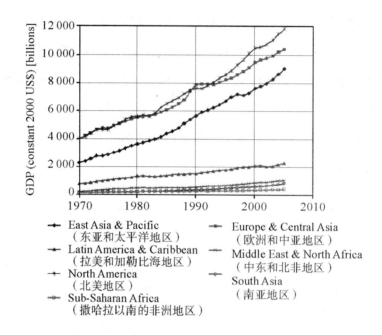

East Asia & Pacific（东亚和太平洋地区）

Latin America & Caribbean（拉美和加勒比海地区）

North America（北美地区）

Sub-Saharan Africa（撒哈拉以南的非洲地区）

Europe & Central Asia（欧洲和中亚地区）

Middle East & North Africa（中东和北非地区）

South Asia（南亚地区）

图 3-3　世界分区域 GDP 与民航客运量统计趋势图

我国航空运输业发展情况也体现了民航业与经济总量的紧密关系。图 3-4 是中国航空客运总周转量与国内生产总值（GDP）的线性回归曲线（关系）图。回归分析显示两者的相关系数（R^2）高达 0.982 2，且回归方程和回归系数通过 95% 置信水平的显著性检验。

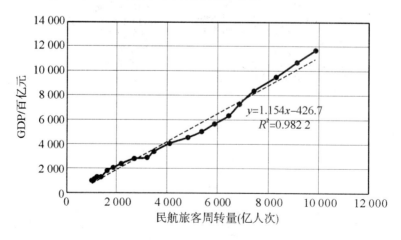

$$y=1.154x-426.7$$
$$R^2=0.982\ 2$$

民航旅客周转量(亿人次)

图 3-4　中国航空客运总周转量与 GDP 的关系（2000—2019 年）

　　此外，国际机场协会（ACI）、国际民航组织（ICAO）和国际航空运输协会（IATA）以及波音公司、空客公司和其他专业航空运输研究机构对于民航运输量的预测均采用区域 GDP 为研究基础。由此可见，经济发展水平与航空市场存在重要的关联性。需要注意的是，航空运输的实际增长情况却不可能一直保持这种线性增长趋势。从航空运输与经济活动的相互关系来看，航空运输系统演变大致分为三个发展阶段：启动期、生长期和成熟饱和期（见图 3-5，Ishutkina & Hansman，2008）。这在后面从世界范围内年人均航空出行次数与人均 GDP 的统计情况中可以较好地反映出来。

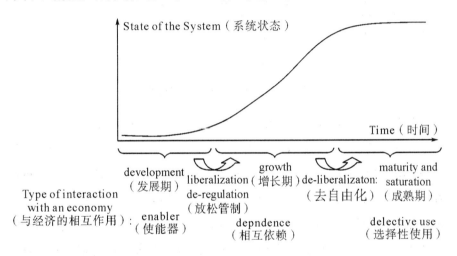

图 3-5　航空运输系统演变过程示意图

3.2.2　研究方法及结果分析

　　国际民航组织（ICAO）推荐的预测方法可以分为三大类：定量或数学方法、定性或趋势判断性方法以及决策分析方法（见图 3-6）。

　　本书将通过基于区域经济发展水平与航空运输需求函数关系的方法来预测分析多机场系统的航空客运总需求，即年人均航空出行次数法。这实际上也是一种简单的回归方法。值得指出的是，在很多应用项目中，通常会运用多种方法以得到不同的预测结果，之后对比分析实际情况而最终综合给出推荐预测数据。

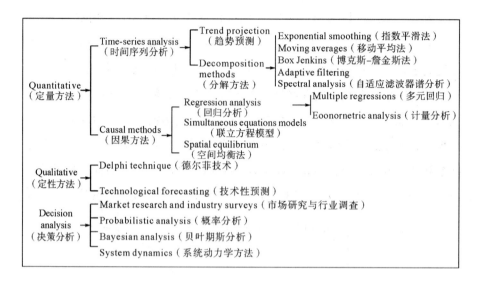

图 3-6　航空需求预测技术分类

图 3-7（Bonnefoy 等，2013）反映了世界各国民航发展与经济发展水平最直观的关系，也是现在被业内专家比较认可的民航发展一般规律，即人均 GDP 在 5 000 美元时，年人均航空出行 0.4 次左右。从图 3-7 中可以看出，人均 GDP 在 2 500～5 000 美元时，年人均航空出行次数与人均 GDP 之间存在显著线性关系。当人均 GDP 达到 1 万美元时，年人均航空出行提高到 0.7 次左右。此时，年人均航空出行次数与人均 GDP 之间基本呈幂函数关系。当人均 GDP 达到 2.5 万美元时，年人均航空出行次数约为 2 次左右。此后，随人均 GDP 的增长人均航空出行次数则进入缓慢增长阶段。这一点从美国的年均航空出行次数的统计中有所反映，2001—2013 年，美国年均航空出行次数增长了 7.2%，而中国则增长了 3.3 倍（见图 3-8）。

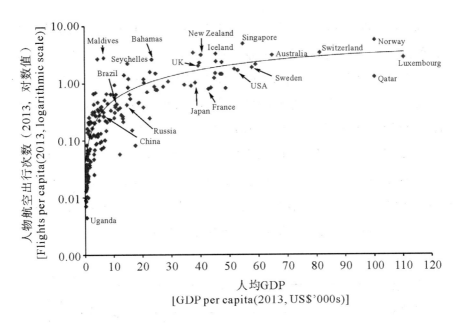

图 3-7　人均航空出行次数与人均 GDP 经验关系图（2013）

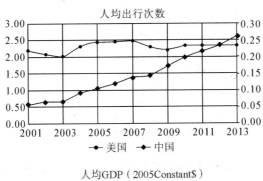

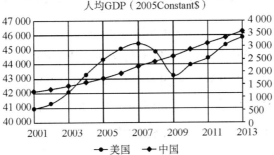

图 3-8　中美年均航空出行次数与人均 GDP 统计结果比较

从上面分析可以看出，不同经济发展阶段，人均 GDP 与年人均出行次数之间函数关系也不相同。按照民航发展一般规律，大致分为以下四段：第一，3 000~5 000 美元为快速增长期；第二，5 001~10 000 美元为稳步增长期；第三，10 001~25 000 美元为缓慢增长期；第四，25 000 美元以上为饱和期，年人均出行次数基本不随人均 GDP 的变化发生变化，年出行次数在 2 次左右。根据以上判断，年人均出行次数与人均 GDP 成典型的生长曲线模型。

本书对 1991—2012 年长三角地区的年人均出行次数和人均 GDP 情况进行曲线拟合，建立年人均出行次数（y）与人均 GDP（x）的函数关系公式（3-1），函数拟合情况结果如图 3-9 所示（吴刚，2015）。

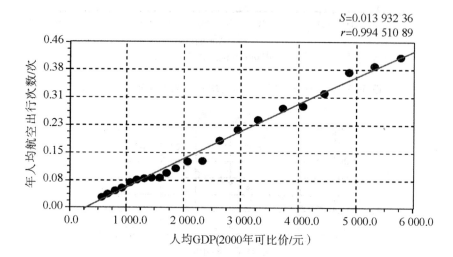

图 3-9　长三角城市群人均 GDP 与年人均出行次数拟合结果

$$y = a \times (b - e^{-cx}) \qquad (3-1)$$

其中，$a = 3.652\ 7$，$b = 0.993\ 5$，$c = 2.237\ 4 \times 10^{-5}$，相关系数为 0.994 5，标准差为 0.013 9，通过显著检验（$p = 0.004 < 0.01$）。本书利用公式（3-1）分别对上海、江苏和浙江的年均出行次数验算该方程的适应性，计算结果如表 3-1 所示（吴刚，2015）。

表 3-1　长三角城市群人均出行次数预测值与实际值比较结果

年份	江苏		浙江		上海		长三角	
	实际值	预测值	实际值	预测值	实际值	预测值	实际值	预测值
2000	0.020	0.090	0.062	0.103	0.550	0.244	0.097	0.113
2001	0.021	0.101	0.066	0.115	0.619	0.261	0.109	0.125
2002	0.024	0.114	0.080	0.131	0.721	0.284	0.129	0.141
2003	0.025	0.132	0.084	0.150	0.701	0.310	0.131	0.161
2004	0.037	0.154	0.116	0.172	0.979	0.342	0.186	0.185
2005	0.045	0.178	0.141	0.193	1.097	0.369	0.217	0.209
2006	0.055	0.205	0.166	0.218	1.174	0.398	0.244	0.236
2007	0.071	0.235	0.193	0.248	1.249	0.432	0.277	0.268
2008	0.078	0.264	0.207	0.272	1.194	0.457	0.282	0.295
2009	0.095	0.294	0.241	0.293	1.289	0.486	0.318	0.322
2010	0.110	0.330	0.264	0.318	1.561	0.514	0.377	0.354
2011	0.120	0.365	0.275	0.346	1.588	0.544	0.393	0.386
2012	0.133	0.401	0.292	0.373	1.653	0.575	0.418	0.418
平均值	0.064	0.220	0.168	0.226	1.106	0.401	0.244	0.247

从分析结果可以看出，对上海和江苏的实际计算值与预测值的偏差最大，但这与区域内的发展现状基本符合。由于上海机场实际发生的航空运量中包括了大量非上海本地资源，从而导致其年人均出行次数的实际值偏大。江苏航空运输需求由于被上海机场吸引而发生转移，导致江苏航空运量总体偏少。因此，年人均出行次数的实际值偏小。

3.3　基于 Bagging 指数平滑方法的航空客运短期需求预测

需求预测是航空运输规划、组织运营以及设计的重要基础性工作，也是航空资源计划调度的重要依据。然而，航空需求受到众多不确定因素影响，如经济因素、社会突发事件、自然灾害等。根据国际航空运输协会统计数据，由于新型冠状病毒肺炎疫情影响，2020 年全球航空客运需求将下降 7%～11%，由此造成营运收入损失将高达 1 130 亿美元[①]，这种需求的不确定性对航空运输行业产生了巨大的冲击。因此，科学分析航空客运市场需求发展趋势，提高需求预测的准确性，将对航空公司和机场等部门做出更好的运营决策，提升市场竞争力和应变能力具有重要的现实意义。通常的预测方法包括计量回归分析法（任新惠和唐少勇，2015）、时间序列法（蔡文婷等，2019）、机器学习算法（梁小珍等，2020）等，比较适用于中长期航空需求趋势预测，主要用于机场跑道、航站楼、空管等重要基础设施的规划。这些方法对于输入指标的选取具有很大的依赖性，如经济指标、旅游指标和人口指标等。这些指标往往是以年为统计周期，很难获取一个地区的月度或每日统计数据，因此难以应用于航空需求的短期预测。此外，传统方法也无法考虑航空需求中的趋势性和季节性等因素的影响，算法的准确性并不高，对日常运营管理（航班编排、航线规划、机组排班等）的指导性不强。

时间序列是按照时间先后排序的一组随机数据，其时间间隔可以是不同时间单位（如秒、分、日、周、月、季度、年等），在数理统计、信号处理、模式识别、计量经济学、天气预报、控制工程以及通信工程等领域具有广泛应用。由于时间序列的方差通常无法呈现出一个长期趋势并最终趋于一个常数或一个线性函数（非平稳性，non-stationarity），使得有关时间序列的预测研究变得比较困难。短期航空需求也具备典型的时间序列特性，本部分将指数平滑方法和 Bagging 集成方法相结合，对短期航空旅客需求进行预测分析。研究表明，本部分提出的方法可以提高航空客运需求的短期预测精度，能为民航管理部门制定相关策略提供依据。

3.3.1 算法步骤

Bagging 算法（bootstrap aggregating）又称装袋算法，是机器学习领域

---

① https://www.iata.org/en/pressroom/pr/2020-03-05-01/

的一种集成学习算法，最初由布雷曼（Breiman，1996）提出。将 Bagging 算法与其他算法相结合，可以提高算法准确率、稳定性。Bagging 算法的主要思路是给定大小为 N 的训练集 S，装袋算法从 S 中均匀、有放回地（自助抽样法，bootstrapping）取出 n 个大小为 N 的子集 S_i，作为新的训练集。利用该 n 个训练集，可得到 n 个训练结果，最后运用取平均值或多数票等策略可以得到算法的分析结果。其主要优点是可以并行生成学习器且相互间不存在依赖关系。Bagging 算法对于小样本数据集效果较好（Han 等，2012），在机器学习领域取得了很好的应用效果（Barboza 等，2017；Iorkyase 等，2019；Kim 等，2002；Pino-Mejias 等，2008；Tong 等，2019），但是只有少数论文使用 Bagging 算法来提高时间序列预测的准确性。短期航空需求的预测方法一般有 ARIMA（Jin 等，2020；Tsui 等，2014）、神经网络等（Faraway & Chatfield，1998；Suh & Ryerson，2019），但由于序列中具有显著的季节性、趋势性和随机性，预测精度往往并不好。本书将 Bagging 算法和 Holt Winters 指数平滑方法相结合，提出改进的短期航空客运量需求的预测方法。具体步骤如下（Bergmeir 等，2016；Dantas 等，2017）：

步骤 1：短期航空需求时间序列的分解。本书采用 STL 分解法（seasonal-trend decomposition using loess）将短期航空需求时间序列（Y_t）分解为季节项（S_t）、趋势项（T_t）和噪音（E_t）三个分量，即 $Y_t = f(T_t, S_t, E_t)$。这种分解方法可以基于局部加权回归对序列进行平滑操作，不仅可以随时间改变季节性，还可以控制趋势性的变化率和平滑度。

步骤 2：运用 Bagging 算法生成新训练样本。由于时间序列的当前数据通常依赖于该数据之前的数据，因此传统的 Bootstrap 方法不适应对时间序列进行取样。本文采用 MMB（moving block bootstrap）方法来获取与原始数据具有相似短期相关数据结构的新训练样本序列，取 $n = 200$。

步骤 3：应用 Holt Winters 指数平滑模型对新训练样本数据进行预测。短期航空需求具有显著的季节性，采用该模型属于一类指数平滑方法，可以较好地捕捉时间序列特征，分为加法模型和乘法模型，表达式分别为公式（3-2）和公式（3-3）。

$$\hat{y}_{t+h|t} = \ell_t + hb_t + s_{s+h-m}$$

$$\ell_0 = y_0$$

$$\ell_t = \alpha(y_t - s_{t-m}) + (1 - \alpha)(\ell_{t-1} + b_{t-1})$$

$$b_t = \beta(\ell_t - \ell_{t-1}) + (1 - \beta)b_{t-1} \qquad (3-2)$$

$$s_t = \gamma(y_t - \ell_{t-1} - b_{t-1}) + (1 - \gamma)s_{t-m}$$

$$\hat{y}_{t+h|t} = (\ell_t + hb_t) + s_{t+h-m}$$

$$\ell_0 = y_0$$

$$\ell_t = \alpha\frac{y_t}{s_{t-m}} + (1 - \alpha)(\ell_{t-1} + b_{t-1}) \qquad (3-3)$$

$$b_t = \beta^*(\ell_t - \ell_{t-1}) + (1 - \beta^*)b_{t-1}$$

$$s_t = \gamma\frac{y_t}{(\ell_{t-1} + b_{t-1})} + (1 - \gamma)s_{t-m}$$

ℓ_t、b_t、s_t 分别表示时间序列 t 时刻的平滑（截距）分量、趋势分量和季节分量。m 表示季节性的频率，如月度序列数据取 12，季度序列数据取 4。h 表示 t 时刻之后需要预测的值。常数 α、β 和 γ 是平滑参数，取值范围为 $[0，1]$，数值越大意味着越近的观测值的权重越大。本书使用加法模型。

步骤 4：对步骤 3 中的预测结果（200 个）进行聚合分析，得到最终预测结果。考虑到序列中可能存在异常值，本书采用中位数统计值作为模型预测结果的选择标准。算法流程如图 3-10 所示（Dantas 等，2017）。考虑到序列中可能存在异常值，本书采用中位数统计值作为模型预测结果的选择标准。

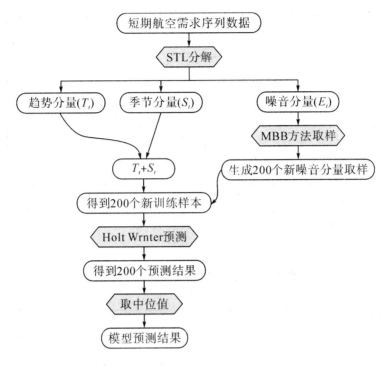

图 3-10　算法流程

3.3.2　数据来源

本书使用到的航空客运量月度数据来自国家统计局（http://data.stats.gov.cn/e asyquery.htm？cn＝A01）。数据的时间范围为 2005 年 1 月至 2019 年 12 月，共有 180 条数据，其变化分布情况如图 3-11 所示。由图 3-11 可以看出，航空客运需求变化具有明显的季节性，且总体呈现逐步增长趋势。从图 3-12 可以发现，7 月和 8 月的方差与均值远高于其他月份，但每个月的平均值和方差相差较小，也说明我国航空客运的月度需求具有显著的季节性。

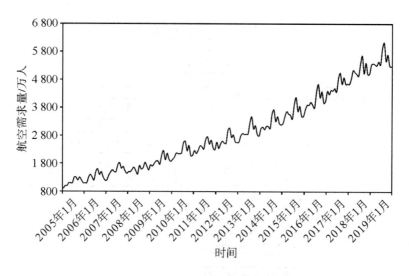

图 3-11　我国航空客运月度需求变化情况（2005—2019 年）

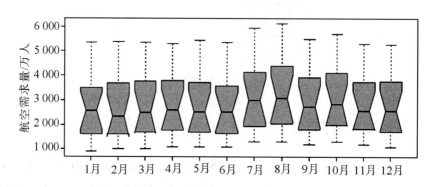

图 3-12　我国航空客运月度需求箱式图（2005—2019 年）

3.3.3　模型应用分析

3.3.3.1　时间序列的 STL 分解

利用 STL 分解方法对航空客运时间序列数据进行分解，结果如图 3-13
所示。由图 3-13 可知，总体上，我国航空客运需求量趋势性特征呈现逐
步增长态势，季节性波动性特征明显，剔除趋势性和季节性趋势，航空客
运需求的噪音分布较为平稳，大部分数据的波动范围在 [-200，200]，数
据最低点发生在 2008 年，可能与金融危机对当时的航空客运需求产生了较

大影响有关。

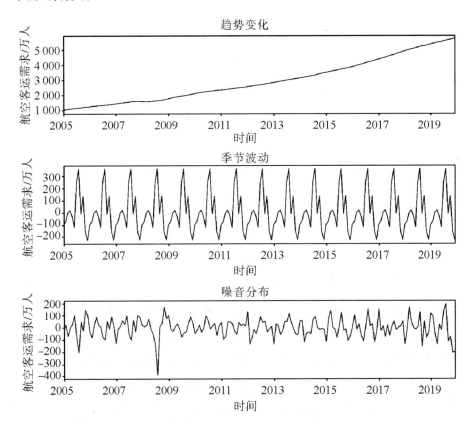

图 3-13 STL 分解结果

3.3.3.2 基于 Bagging 方法的训练样本集的生成

如果直接采用指数平滑方法进行预测，则无法进行交叉验证。我们需要通过重采样技术增加模型训练样本，以提高模型预测精度。本部分中采用 MBB 方法对 STL 分解后端噪音项进行重采样，之后将这些取样数据与原始序列数据的趋势项和季节项相加，从而得到模型的训练样本集。在本书的 MBB 方法中，设置序列块（block）的大小为 12，以更好地获取季节性数据特征。样本集大小为 180，共有 200 个样本集。图 3-14 是新训练集的数据与原始数据的分布对比图。可以看出，生成的样本集与原始数据分布较为接近，可以用于后续预测分析。

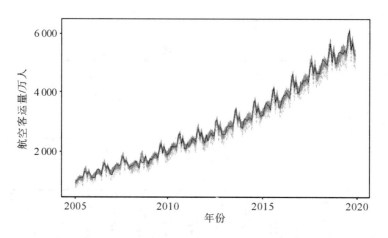

图3-14 新训练集的数据与原始数据的分布对比图

3.3.3.3 预测结果分析

本书采用的训练数据集为156个，测试数据集为24个。除本书提出的预测方法外，我们还采用了整合移动平均自回归模型（ARIMA）、神经网络（neural network，NN）以及简单指数平滑法（SES）等常用的时间序列预测方法。模型评估结果如表3-2所示。由表3-2可知，本书提出的Bagging指数平滑算法具有最小的预测误差。值得注意的是，神经网络（NN）算法的预测效果表现最差，这可能与航空客运需求样本量较小有关，也从侧面说明应用机器学习算法进行数据分析时应注意提升数据样本规模，以便于提高学习和泛化能力。图3-15给出几种预测方法与真实值的拟合对比情况，可以看出Bagging指数平滑方法能够较好地拟合真实值，进一步验证了本书算法的有效性。

表3-2 模型评估结果

算法类型	RMSE 均方根误差	MAPE 平均绝对百分比误差	MASE 平均绝对比例误差
加法模型（Bagging Holt Winters）	120.927 7	1.864 3	0.301 9
整合移动平均自回归模型（ARIMA）	135.188 3	1.889 0	0.336 8
简单指数平滑法（SES）	131.509 8	1.892 3	0.338 2
神经网络（NN）	177.537 5	2.493 6	0.459 2

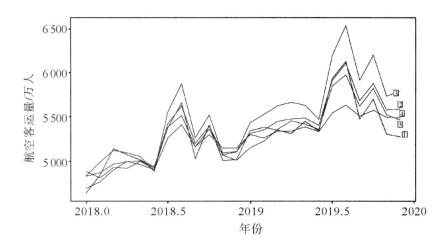

图 3-15　预测值和实际值拟合分布图

（注：图中标号 1 表示实际值；2 表示 SES 预测值；3 表示 ARIMA 预测值；4 表示 NN 预测值；5 表示 Bagging Holt Winters 预测值）

本部分针对航空客运短期需求的预测问题，构建了基于机器学习与时间序列的组合预测方法。本部分研究利用移动模块随机采样技术（MBB）产生基于原始噪音数据样本的新序列，将之与航空需求时间序列的趋势项和季节项相加后生成得到模型训练样本集，在此基础上运用指数平滑方法对航空需求时间序列数据进行预测。

值得说明的是，尽管以上分析中使用的是全国性数据，但该方法也可以应用于单一机场、多机场或单一航线的短期航空需求预测，从而为航空公司的业务分析和运营安排提供决策依据。

3.4　基于出行路径选择的多机场系统均衡配流模型

从航空客运组织过程来看，航空客流在区域多机场系统内分布不均衡导致了系统在时空和功能上混沌无序，使区域航空需求与航空资源供给不能实现合理匹配。单纯的机场容量提升和航线补贴等方法对多机场系统的这种结构性矛盾（航空资源利用不均衡）的治理效果并不理想（Miller 等，

2016；Wojahn，2001）。

很多学者尝试从机场的选择偏好角度入手探寻航空客流分布规律。杨（Yang）等基于旅客出行效用提出 Nested-Logit 机场选择模型，分别利用美国旧金山和中国上海的数据验证了方法的合理性（Yang 等，2014）。卢卡（Luca）等建立随机效用离散选择模型用于研究出发机场的选择，随机效用综合考虑了费用、航班的频率、到机场的地面时间等因素（De Luca & Di Pace，2012）。赫斯（Hess）研究了在机场群选择时旅客的偏好，结果表明旅客更偏向于选择大且近的机场（Hess，2010）。

从航空出行全过程来看，航空出行链不仅包含空中航线，还包含地面路径部分，因此机场选择问题不仅仅是机场间的竞争问题，本质上更是航空旅客出行路径选择问题。航空出行路径选择决策行为直接决定了航空客流的微观时空分布状态及演化运行规律。不同于传统的单机场航空出行选择或城市地面交通系统，航空出行链上环节较多，出行过程中涉及城市地面交通、机场以及空中交通三个复杂系统，在各系统之内和系统之间存在大量转换衔接环节。新型城镇化背景下的城市群区域一体化程度将更高，航空需求可以在系统内的更大范围内实现，同时在中短途出行上高铁网络也会成为重要的选择路径。与此同时，影响出行路径决策的因素非常多，机场容量、航线网络布局、终端区空中交通流量状态、票价、航班频率甚至航空公司偏好等因素都会产生影响。即使面对相同的出行环境，由于个体之间异质性差别，不同出行者往往遵循不同的决策规则。这些综合因素使得多机场系统环境下航空出行路径选择问题变得较为复杂。既有成果中还缺乏将地面交通和空中交通相结合的针对整个航空出行链的考察和分析。本书在借鉴城市交通路径选择的建模思路（Chen & Zhou，2010；Chen 等，2018；Yang & Zhou，2017；徐爱庆等，2018），通过综合考虑空中航线与地面交通路径，结合旅客出行时间、出行票价、机场服务水平等主要影响因素，研究构建多机场系统的均衡配流模型，探索分析航空客流在多机场系统中的分布规律，为提升优化多机场系统效率、降低航空旅客出行成本提供理论支撑和决策参考。

3.4.1 模型构建

多机场系统中旅客出行选择可以表示为一条由不同路段组成的路径。每条路径的起讫点（OD，Origin-Destination）为始发城市和目的地城市对。因此，多机场系统的均衡配流问题可以表述为在固定需求下，出行时间与费用不确定的用户均衡问题。

假设 $G = (N, A)$ 表示一个多机场系统的综合交通网络。其中，N 为交通节点集，表示机场、汽车站、火车站等交通枢纽；A 为路段集，表示各枢纽间的路线。对于某一 OD 对，设 $p^{(rs)}$ 为始发城市 r 与目的地城市 s 之间（城市对 rs）所有路径的集合。设多机场系统的航空旅客出行时一般选择成本最低的一条路径 $p\,[\,p \in p^{(rs)}\,]$。

本书假设感知偏差服从耿贝尔（Gumbel）分布，则旅客选择某条航空出行路径的概率表示为：

$$P_{\mathrm{ROB}\,p}^{\;(rs)} = \frac{\exp[-\theta C_p^{(rs)}]}{\sum_{l \in p^{(rs)}} \exp[-\theta C_l^{(rs)}]} \tag{3-4}$$

式中，θ 与感知偏差大小成反比，反映旅客对网络阻抗的认知程度，l 为路径的序号变量，$C_p^{(rs)}$ 与 $C_l^{(rs)}$ 分别表示城市对 rs 间的路径 p 与 l 上的出行成本。城市对 rs 之间的出行需求为 $q^{(rs)}$ 时，则多机场系统的用户均衡模型可以表示为：

$$\begin{cases} \min Z[f^{(rs)}] = \dfrac{1}{\theta} \sum_{rs} \sum_{p} f_p^{(rs)} \ln[f_p^{(rs)}] + \sum_{a \in A} \int_0^{v_a} t_a(x)\,\mathrm{d}x \\ \mathrm{s.\ t.}\ \sum_{p} f_p^{(rs)} = q^{(rs)} \end{cases} \tag{3-5}$$

式中，$f_p^{(rs)}$ 为起点 r 与终点 s 之间路径 p 的流量，$f^{(rs)}$ 为所有路径流量组成的向量，$t_a(x)$ 为路段 a 在流量为 x 时的行程时间。

将公式（3-5）表示成拉格朗日函数形式，即：

$$L[f^{(rs)}, w] = Z[f^{(rs)}] + \sum_{rs} w^{(rs)}\Big[\sum_{p} f_p^{(rs)} - q^{(rs)}\Big] \tag{3-6}$$

式中，$Z[f^{(rs)}]$ 为用户均衡模型需要优化的目标函数，$w^{(rs)}$ 为拉格朗日

乘子。$Z[f^{(rs)}]$ 取最小值时有:

$$\frac{\partial L[f^{(rs)}, w]}{\partial f_p^{(rs)}} = \frac{1}{\theta}[\ln f_p^{(rs)} + 1] + \sum_{a \in A} t_a(v_a) \delta_{ap}^{(rs)} + w^{(rs)} = 0 \quad (3-7)$$

$\delta_{ap}^{(rs)} = 1$ 表示 OD 对上的第 p 条路径经过路段 a，$\delta_{ap}^{(rs)} = 0$ 表示 p 不经过 a，则路径费用 $C_p^{(rs)}$ 是由构成该路径的所有路段费用叠加而成，即

$\sum_{a \in A} t_a(v_a) \delta_{ap}^{(rs)} = C_p^{(rs)}$，则公式（3-7）变为 $\frac{\partial L(f, w)}{\partial f_p^{(rs)}} = \frac{1}{\theta}[\ln f_p^{(rs)} + 1] + C_p^{(rs)} + w^{(rs)} = 0$。

3.4.2　出行成本

航空旅客出行成本不仅包括出行路径上的行程时间（简称路径时间），还包括在机场停留时间及出行票价，记为：

$$C = \eta + D + H/\omega \quad (3-8)$$

式中，η，D，H 分别为路径时间、机场停留时间和出行票价，ω 为旅客的时间价值。旅客主要分为两类：商务型和休闲型。商务型旅客的时间敏感度较高，休闲型旅客的时间敏感度较低。假设旅客出行需求量增加会促使航空公司提升机票价格，且价格与旅客人数呈线性关系，则出行票价 H 可表示为：

$$H = k_h f_a + b_h \quad (3-9)$$

式中，f_a 为路段 a 的流量；k_h 和 b_h 为费用的系数。对地面交通来说，出行费用不随旅客人数的变化而改变，即 $k_h = 0$。

对机场逗留时间来说，本书假设在机场容量范围内，旅客在机场停留时间与机场服务总人数呈线性关系，超出机场容量时，旅客在机场停留时间为一固定且较大的数值，即

$$D = \begin{cases} k_d f_a + b_d, & f_a \leqslant Q \\ \Omega, & f_a > Q \end{cases} \quad (3-10)$$

式中，f_a 为机场容量；k_d 和 b_d 为机场服务水平的系数，大型枢纽机场的 b_d 小于小机场的 b_d；Ω 为固定且较大的数。

3.4.3 路径时间的不确定性

影响路径时间不确定性的原因主要分为两类：供给的不确定性和需求的不确定性。供给的不确定性是指交通系统容量的变化。例如，突发事故导致的地面交通拥堵、天气原因或军事活动导致的流量控制等。需求的不确定性是指出行旅客数量的波动。例如，节假日或重大事件期间旅客人数增加、淡季旅客人数减少等。因此，路径时间不仅应考虑平均值，还应考虑风险因素的影响。行程时间与人数相关时，路段时间 t_a 采用 BPR（bureau of public road）函数计算，即：

$$t_a = t_a^0 [1 + \gamma (v_a/c_a)^n] \tag{3-11}$$

式中，t_a^0，v_a，c_a 分别为路段 a 的自由行程时间、流量、容量；γ 和 n 为 BPR 函数的参数。受交通供需影响，路段 a 的行程时间 t_a 为随机变量。本书假设其服从正态分布，即 $t_a \sim N(\bar{t}_a, \sigma_a^2)$，$\bar{t}_a$ 与 σ_a^2 分别为行程时间 t_a 的数学期望与方差。

对路径时间的不确定性有多种衡量方法，本书采用预算超出时间（mean-excess travel time，METT）来综合评估路径时间成本（Chen & Zhou，2010）。

定义 1：设起点 r 与终点 s 之间的路径 p 在置信度 α 下的路径时间预算（travel time budget，TTB）$\xi_p^{(rs)}(\alpha)$ 为路径时间变量 ξ 的最小值，则 ξ 满足实际路径时间 $T_p^{(rs)}$ 不超过 ξ 的概率应不小于 α。其数学表达式为：

$$\xi_p^{(rs)}(\alpha) = \min\{\xi \mid Pr[T_p^{(rs)} \leq \xi] \geq \alpha\}, \ \forall p \in p^{(rs)} \tag{3-12}$$

对正态分布的路径时间 $T^{(rs)} \sim N\{\mu_p^{(rs)}, [\sigma_p^{(rs)}]^2\}$ 有：

$$\xi_p^{(rs)}(\alpha) = \mu_p^{(rs)} + \sigma_p^{(rs)} \cdot \Phi^{-1}(\alpha) \tag{3-13}$$

定义 2：METT 为起点 r 与终点 s 之间的路径 p 在预先定义的置信度 α 下，超过相应路径时间预算的条件概率。其数学表达式为：

$$\eta_p^{(rs)}(\alpha) = E[T_p^{(rs)} \mid T_p^{(rs)} \geq \xi_p^{(rs)}(\alpha)], \ \forall p \in p^{(rs)} \tag{3-14}$$

式中，$\xi_p^{(rs)}(\alpha)$ 为路径时间预算。

对正态分布的路径时间 $T^{(rs)} \sim N\{\mu_p^{(rs)}, [\sigma_p^{(rs)}]^2\}$，METT 为：

$$\eta_p^{(rs)}(\alpha) = \mu_p^{(rs)} + \frac{\sigma_p^{(rs)}}{\sqrt{2\pi}(1-\alpha)} \exp\left(-\frac{\left[\Phi^{-1}(\alpha)\right]}{2}\right) \qquad (3-15)$$

式中，$\mu_p^{(rs)}$，$\left[\sigma_p^{(rs)}\right]^2$ 分别为起点 r 与终点 s 间路径（p）时间的数学期望与方差，$\Phi^{-1}(\cdot)$ 为标准正态分布累积分布函数的反函数。

对于确定的置信度 α，路径时间的不确定性越大 $\left[\sigma_p^{(rs)}$ 越大$\right]$，TTB 越大，METT 也越大。TTB 强调了能到达终点的路径时间，而 METT 更强调 TTB 时间内到达不了会产生何种结果，更好地描述了不确定性条件下的出行风险，为风险厌恶型的出行决策提供参考依据。

3.4.4　模型求解

为对均衡配流模型进行求解，我们将其转换为变分不等式形式，即寻找向量 u^*，使得 $F(u^*)^T(u-u^*) \geqslant 0$，$\forall u \in \Omega$。其中，$u = \begin{bmatrix} f^{(rs)} \\ y \end{bmatrix}$；

$F(u) = \begin{bmatrix} C\left[f^{(rs)}\right] + \dfrac{1}{\theta}\left[\ln f_p^{(rs)} + 1\right] - \lambda^T y \\ \lambda f^{(rs)} - q \end{bmatrix}$；$y$ 为构造变分不等式的中间

变量。

变分不等式已有多种求解方法，本书采用收敛速度较快的投影收缩算法（Yang，2005）。算法流程如图 3-16 所示。

在图 3-16 中，P_Ω 为投影，$P_\Omega(v) = \text{Argmin}\{\|u-v\| \mid u \in \Omega\}$，"$:=$" 为赋值操作，所有变量的下标 k 为第 k 次迭代，β 为对 $F(u)$ 线性变换的系数，r 为对 β 调整的系数，μ 为对 β 调整的边界值，$\bar{u}_k$ 为投影结果，$d(\cdot)$ 为步长，φ 为步长的系数，N_{itey} 为算法最大迭代次数。基于上述算法可求解各路径的流量 $f^{(rs)}$。

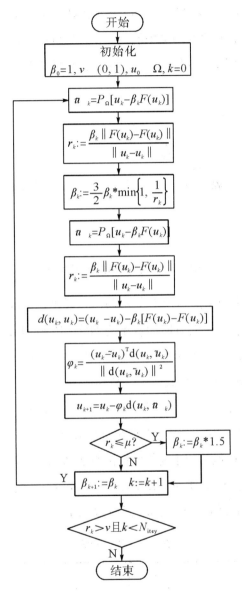

图 3-16 算法流程

3.4.5 算例分析

算例交通网络（机场群系统交通网络）如图 3-17 所示。旅客从 R 点

出发至 S 点，$M_1 \sim M_4$ 为机场，$L_1 \sim L_3$ 为高铁站，M 与 L 之间为地面交通，L 之间为轨道交通，M 之间为空中航线。在该算例中，我们设定一个评价指标，即机场饱和度 ψ，定义为机场旅客流量 f 与旅客容量 Q 之比，即 $\psi = f/Q$。

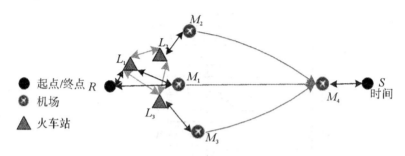

图 3-17　机场群系统交通网络

假设有城市对 RS 间有 1 000 单位的出行需求，机场 M_1 为多机场系统内的大型枢纽机场，往 M_4 方向的容量为 600，M_2 和 M_3 为系统内的小型机场，容量为 400。$\beta = 0.15$，$n = 2$，$\omega = 21.2$（元/小时）。ω 的取值依据为 2019 年城镇居民人均可支配收入 42 359 元，每年工作 250 天，每天工作 8 小时。其他参数如表 3-3 所示，路径时间与机场服务水平的单位为小时，小型机场的服务水平相同，但大型枢纽机场航线更多，k_d 和 b_d 值更小。k_h，b_h，k_d，b_d 等参数取值是为了使算例接近真实情况。例如，当机场 M_1 客流量为 500 时，票价为 1 634 元，在机场停留时间为 1.9 小时。M_2 和 M_3 由于航空公司运营等因素的差异，票价可能存在不同。

表 3-3　模型参数

路径	t_0	c_a	σ	k_h	b_h	k_d	b_d
$R-M_1$	0.6	800	0.2	—	—	—	—
$R-L_1$	0.5	800	0.2	—	—	—	—
L_1-L_2	2.1	—	0.1	—	—	—	—
L_1-L_3	2.1	—	0.1	—	—	—	—
L_2-L_3	1.8	—	0.1	—	—	—	—

表3-3(续)

路径	t_0	c_a	σ	k_h	b_h	k_d	b_d
L_1-M_1	0.4	800	0.2	—	—	—	—
L_2-M_2	0.7	800	0.2	—	—	—	—
L_3-M_3	0.7	800	0.2	—	—	—	—
M_1-M_4	3.1	—	1.5	0.084 8	1 210	0.003	0.4
M_2-M_4	3.6	—	2.5	0.095 4	1 200	0.005	0.5
M_3-M_4	3.4	—	2.5	0.084 8	1 200	0.005	0.5
M_4-S	0.9	900	0.2	—	—	—	—

本书运用上述多机场系统均衡配流模型和求解算法,对比分析 6 种情形下的航空客流分布情况。具体结果如下:

情形 1:系统内 3 个机场的流量分别为 565、210 和 225,出行成本都为 76.4。结果表明,本书提出的配流模型可以有效求解均衡状态,且最终成本同时到达最低。由均衡状态结果可知,3 个机场的流量差距较大,这是因为从 M_1 机场出发的航线路段时间少,延误风险小,而从 M_2 和 M_3 机场出发的航线路段时间长,延误风险高,因此旅客更多地选择从 M_1 机场出发。

情形 2:基于上述相同的参数,各个机场的饱和度为 94.17%、52.51%、56.24%。此时,大型枢纽机场 M_1 过于繁忙,机场 M_2 和 M_3 利用率不足。由于小型机场航班数量较少,利用合理的管理与技术手段对其进行编排容易减少延误风险。在本情形中,同时减小 M_2-M_4 与 M_3-M_4 间的 σ 至 0.3,即减少小型机场的延误风险,各机场的饱和度及旅行出行成本如图 3-18 所示。由图 3-18(a)可知,小型机场延误风险降低,大型机场拥堵缓解,小型机场资源利用率提高。同时,旅客的出行成本也随之降低,如图 3-18(b)所示。

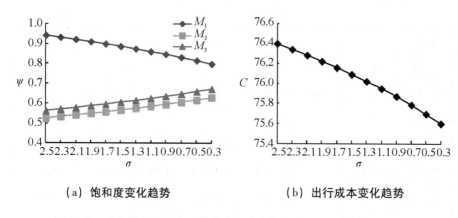

（a）饱和度变化趋势　　　　　　　（b）出行成本变化趋势

图 3-18　各机场的饱和度、旅客出行成本与小型机场延误风险的关系

情形 3：在情形 1 中，从各机场出发的票价差别较小，对客流分布的影响有限。我们将表 3-3 中 M_3-M_4 的 k_h 逐渐降低以模拟机票价格下降。由图 3-19 可知，降低小型机场出发票价可以提升该机场的资源利用率，同时减轻其他机场的负荷。结果表明，对于航空公司而言，降低从小型机场出发航班的票价，有效吸引更多旅客从小型机场出发，不仅可以提升小机场的盈利能力，还可以降低大型枢纽机场因延误造成的损失。

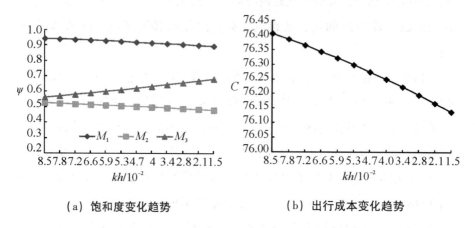

（a）饱和度变化趋势　　　　　　　（b）出行成本变化趋势

图 3-19　各机场的饱和度、旅客出行成本与小型机场出发票价的关系

情形 4：我们将表 3-3 中 M_3-M_4 的 k_d 逐渐降低以模拟机场服务水平提升。由图 3-20 可知，提升小型机场服务水平与降低小型机场出发票价效果类似。现实中，大型机场值机、安检等流程耗费时间越来越长。该情形

的结果说明，优化小型机场各类流程、减少旅客花费的时间，可以促进客流在机场间更合理分布，综合提升旅客在各类机场出行的体验。

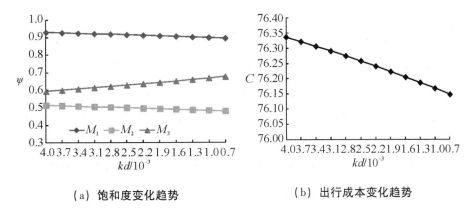

（a）饱和度变化趋势　　　　　（b）出行成本变化趋势

图 3-20　各机场的饱和度、旅客出行成本与小型机场服务水平的关系

情形 5：对于商务型旅客，设 $\omega = 26$，该情形的其他条件与情形 1 相同。多机场系统内 3 个机场的流量分别为 587、200 和 213，饱和度分别为 97.87%、49.89% 和 53.31%。可见，时间价值较高的商务型旅客倾向于选择航线网络更为通达的大型机场。

情形 6：该情形也就是传统用户均衡（user equilibrium，UE）模型情形，不考虑出行路径的不确定性，即情形 1 中所有 $\sigma = 0$。基于 UE 模型，各机场的均衡状态流量为 739、111 和 150，饱和度分别为 115.00%、37.36%、40.20%。该情形下，旅客流量分配没有考虑机场拥堵造成的拥堵成本，因此流量过多集中于 M_1 机场。

综合以上结果可知，不同指标条件下，航空客流分布状态均会改变，用户均衡配流模型能够较好地刻画多机场系统客流分布规律。本书的模型可以进一步拓展为多机场系统内多个始发城市、多个目的地城市的应用分析。此外，我们还需要考虑机场容量限制和空管容量约束等条件，以全面地分析和把握多机场系统的航空客流演化规律。

3.5　本章小结

首先，本章对多机场系统的航空客流需求预测方法进行了介绍，提出从多机场系统预测应遵循需求生成、需求分布、机场选择以及需求分配四个阶段。其次，本章以长三角多机场系统为例，通过构建年人均出行次数与收入水平的回归模型，对区域多机场系统的航空客运总需求进行了分析。再次，本章基于 Bagging 指数平滑方法研究了航空客运短期需求预测。最后，本章构建了基于出行路径选择的多机场系统均衡配流模型研究，为分析多机场系统的航空客流分布规律搭建了理论框架。

本章参考文献

［1］BARBOZA F, KIMURA H, ALTMAN E. Machine learning models and bankruptcy prediction ［J］. Expert systems with applications, 2017, 83: 405-417.

［2］BERGMEIR C, HYNDMAN R J, BENITEZ J M. Bagging exponential smoothing methods using STL decomposition and Box-Cox transformation ［J］. International journal of forecasting, 2016, 32 (2): 303-312.

［3］BREIMAN L. Bagging predictors ［J］. Machine Learning, 1996, 24 (2): 123-140.

［4］DANTAS T M, CYRINO OLIVEIRA F L, VARELA REPOLHO H M. Air transportation demand forecast through Bagging Holt Winters methods ［J］. Journal of air transport management, 2017, 59: 116-123.

［5］FARAWAY J, CHATFIELD C. Time series forecasting with neural networks: A comparative study using the airline data ［J］. Journal of the royal statistical society, 1998, 47 (2): 231-250.

［6］HAN J, KAMBER M, PEI J. Data mining concepts and techniques ［M］. Waltham: Morgan kaufmann, 2012.

[7] IORKYASE E T, TACHTATZIS C, GLOVER I A, et al. Improving RF-based partial discharge localization via machine learning ensemble method [J]. IEEE transactions on power delivery, 2019, 34 (4): 1478-1489.

[8] JIN F, LI Y, SUN S, et al. Forecasting air passenger demand with a new hybrid ensemble approach [J]. Journal of air transport management, 2020, 83: 701-744.

[9] KIM H C, PANG S, JE H M, et al. Support vector machine ensemble with bagging, international workshop on support vector machines [C] //International workshop on support vector machines. Berlin: Springer, 2012.

[10] PINO MEJIAS R, JIMENEZ GAMERO M D, CUBILES DE LA VEGA M D, et al. Reduced bootstrap aggregating of learning algorithms [J]. Pattern recognition letters, 2008, 29 (3): 265-271.

[11] SUH D Y, RYERSON M S. Forecast to grow: Aviation demand forecasting in an era of demand uncertainty and optimism bias [J]. Transportation research part E: Logistics and transportation review, 2019, 128: 400-416.

[12] TONG W, LI L, ZHOU X, et al. Efficient spatiotemporal interpolation with spark machine learning [J]. Earth science informatics, 2019, 12 (1): 87-96.

[13] TSUI W H K, OZER BALLI H, GILBEY A, et al. Forecasting of Hong Kong airport's passenger throughput [J]. Tourism management, 2014, 42: 62-76.

[14] BONNEFOY P A, DE NEUFVILLE R, HANSMAN R J. Evolution and development of multiairport systems: worldwide perspective [J]. Journal of transportation engineering, 2010, 136 (1): 1021-1029.

[15] CHEN A, ZHOU Z. The α-reliable mean-excess traffic equilibrium model with stochastic travel times [J]. Methodological, 2010, 44 (4): 493-513.

［16］ CHEN P，TONG R，LU G. et al. The α-reliable path problem in stochastic road networks with link correlations：A moment-matching-based path finding algorithm ［J］. Expert systems with applications，2018，110：20-32.

［17］ DE LUCA S，DI PACE R. Modelling passenger departure airport choice：Implicit vs. explicit approaches ［J］. Procedia-social and behavioral sciences，2012，54：875-885.

［18］ HANSMAN R J. The impact of information technologies on air transportation ［C］//Los Angeles：Presented at the AIAA aircraft technology，integration，and operations forum，2002.

［19］ HESS S. Evidence of passenger preferences for specific types of airports ［J］. Journal of air transport management，2010，16（4）：191-195.

［20］ MILLER B I，DEWEY J F，DENSLOW D，et al. A welfare analysis of subsidies for airports ［J］. Journal of air transport management，2016，50：83-90.

［21］ OSOGAMI T，OTSUKA M. restricted Boltzmann machines modeling human choice ［J］. Advances in neural information processing systems，2014，27：73-81.

［22］ SILVA J M C S，TENREYRO S. The log of gravity ［J］. The review of economics and statistics，2006，88（4）：641-658.

［23］ WOJAHN O W. Airline hub congestion and welfare ［J］. International journal of transport economics，2001，28（3）：307-324.

［24］ WONG M，FAROOQ B，BILODEAU G A. Discriminative conditional restricted Boltzmann machine for discrete choice and latent variable modelling ［J］. Journal of choice modelling，2018，29：152-168.

［25］ YANG C W，LU J L，HSU C Y. Modeling joint airport and route choice behavior for international and metropolitan airports ［J］. Journal of air transport management，2014，39：89-95.

［26］YANG L, ZHOU X. Optimizing on-time arrival probability and per-centile travel time for elementary path finding in time-dependent transportation networks：Linear mixed integer programming reformulations ［J］. Transportation research part B：Methodological, 2017, 96：68-91.

［27］YANG Q. The revisit of a projection algorithm with variable steps for variational inequalities ［J］. Journal of industrial & management optimization, 2005, 1 (2)：211.

［28］蔡文婷, 彭怡, 陈秋吉. 基于多元回归模型的航空运输客运量预测 ［J］. 航空计算技术, 2019 (4)：50-53, 58.

［29］梁小珍, 郭战坤, 张倩文, 等. 基于奇异谱分析的航空客运需求分析与分解集成预测模型 ［J］. 系统工程理论与实践, 2020, 40 (7)：1844-1855.

［30］任新惠, 唐少勇. 我国航空旅客运输需求预测——基于计量经济学与系统动力学组合模型 ［J］. 交通运输研究, 2015 (1)：92-98.

［31］吴刚. 基于枢纽机场的机场群协作运行与管理关键理论与方法研究 ［D］. 南京：南京航空航天大学, 2015.

［32］徐爱庆, 陈欣, 朱金福. 基于累积前景理论的机场群旅客出行决策行为分析 ［J］. 交通运输系统工程与信息, 2018 (6)：14-21.

［33］赵凤彩, 吴彦丽. 中国区域多机场系统旅客吞吐量预测方法研究 ［J］. 中国民航大学学报, 2008 (6)：56-60.

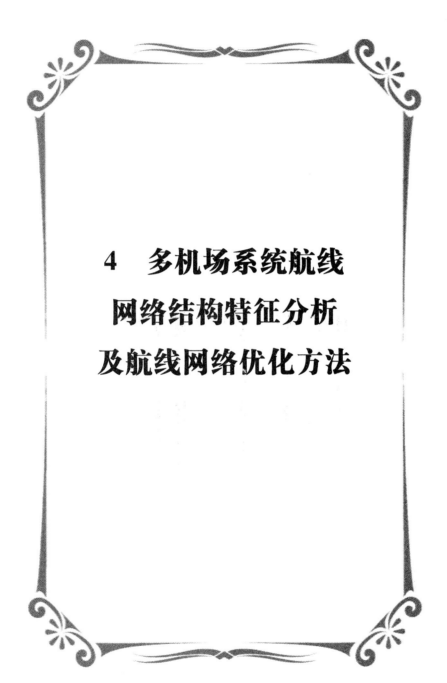

4 多机场系统航线网络结构特征分析及航线网络优化方法

多机场系统航线网络形成和演化有其自身的规律，分析其航线网络特征有助于把握和分析系统内部无序发展的根本原因，有助于进一步明确多机场系统内各子机场的分工和定位，促进区域航空运输资源的优化配置。本章将对多机场系统的航线网络特征进行静态分析和动态分析，构建以多机场系统为决策单元的航线网络优化模型，并设计求解算法。

4.1 多机场系统航线网络结构特征分析

目前对于航线网络拓扑结构研究较多，主要是借助复杂网络理论来量化航空网络结构的复杂性和运行机制（Albert & Barabasi，2002；MARK，2003）。一些研究者对全球航空网络特征进行了研究，指出全球航空网络是一个典型的无标度小世界网络（Guimera & Amaral，2004）。很多学者以不同国家航空网络为研究对象展开较多相关研究，主要包括美国（Wuellner 等，2010）、中国（Li & Cai，2004；刘宏鲲和周涛，2007；周一星和胡智勇，2002；王姣娥等，2009；王法辉等，2003）和印度（Bagler，2008）等国家。其他方面的研究还包括航空网络关键节点分析（Lu & Wan，2016；Weng 等，2007）、网络对航班延误的影响（Wang & Gao，2013；邵荃等，2015）以及网络鲁棒性（Li 等，2014）等。总体来看，尚缺少从区域多机场系统层面开展的航线网络特征研究文献，特别是对于航线网络同构性分析的相关研究较少。在国内文献中，仅有蒋永雷等（2013）基于经济指标的综合赋权评价法研究了长三角多机场系统的同质化水平，但并没有从网络特征入手进行分析，同时缺乏对于不同多机场系统间的比较研究。在国外文献中尚没有发现相关研究。

本部分以国内三大多机场系统为研究对象，构建了基于滑动时间窗的航线网络拓扑结构，运用复杂网络理论和方法分析了区域多机场系统航线网络动态演化特征，对比得到多机场系统的动态网络特征，运用网络相似度方法分析了多机场系统航线网络同构性特征。

4.1.1　研究方法

4.1.1.1　航线网络特征基本指标

从复杂网络理论的角度来说，度、平均路径长度和簇系数等是描述复杂网络拓扑结构最基本的统计指标（Newman，2010），下面分别进行介绍。

（1）度及度分布。度是与网络节点机场直接相连的边的数目，反映节点的重要程度。一般来说，k值越大，网络中的节点也就越重要。度的计算公式为：

$$k_i = \sum_{j=1}^{v} a_{ij} \tag{4-1}$$

其中，a_{ij}为节点i和j之间连接边的数量。网络中所有节点的度的平均值是网络的平均度，记作$<k>$，即$<k> = \dfrac{1}{n} \sum_{i=1}^{n} k_i$，其中$n$为网络节点数。节点度的分布情况用概率分布函数$p(k)$来描述，表示网络中度为$k$的节点在整个网络中所占的比率。它是复杂网络分析方法中重要的测度指标。当$p(k)$为幂函数时，称该网络结构具有"无标度"（scale-free，SF）的特征。"无标度"网络的特征为网络大部分节点只有少数连接，而少数节点拥有大量连接，网络由少数高连接的枢纽节点控制。

（2）平均路径长度。网络中任意两个节点之间距离的平均值定义为平均路径长度，反映了网络的深度。深度越小，航空网络中两点就能通过越少的连接到达，即越快速便捷。平均路径长度记作$<L>$，平均路径长度的计算公式为：

$$<L> = \frac{2}{n(n-1)} \sum_{i \geqslant j} d_{ij} \tag{4-2}$$

其中，d_{ij}为连接节点i和节点j的最短路径上的边的数目，n为网络节点数。平均路径长度可以量化网络在节点之间发送信息的效率，显示了在网络中传递的便利程度。

（3）簇系数。簇系数是衡量网络节点聚集情况的参数，记作$<c>$。定义某节点的簇系数为其所有之间实际连接边临界点数与可能最大连接边数的比值。簇系数的计算公式为：

$$C_i = \frac{2E_i}{k_i(k_i - 1)} \tag{4-3}$$

其中，k_i 为节点 i 与其他节点之间的连接边数，E_i 是节点 i 的 k_i 个相邻节点间的实际存在的边数。簇系数的大小可反映节点间的连通性，当 $C = 1$ 时，说明所有的节点都相互连接；当 $C = 0$ 时，表示与节点 i 相连的节点间互不相连。

4.1.1.2 动态网络时间窗划分

本书的研究中使用滑动时间窗的方法分析航空网络的动态演化特性，具体参考已有文献提出的研究方法（Mou 等，2017），即通过四联体 $(i, j, t_{ij}^s, t_{ij}^e)$ 来描述动态航空网络，其中 i 和 j 表示机场，t_{ij}^s 和 t_{ij}^e 分别表示航班出发和降落时间。在有向图中，当两点之间有航班起飞、降落或在途时，两点间存在连接边。我们用 $e_{ij}(t) = 1$ 表示两点间有连接边，反之则等于 0。$T_w(m)$ 表示第 m 个时间窗的开始时间，Δt 表示时间窗的长度，本书中 $\Delta t = 1$ 小时。当 $e_{ij}(t) = 1$ 时，满足公式（4-4）：

$$\begin{cases} T_w(m) < t_{ij}^s < T_w(m) + \Delta t \quad\text{——} Type(1) \\ T_w(m) < t_{ij}^e < T_w(m) + \Delta t \quad\text{——} Type(2) \\ t_{ij}^s < T_w(m), \ t_{ij}^e > T_w(m) + \Delta t \quad\text{——} Type(3) \end{cases} \tag{4-4}$$

我们按照以上公式将每天 24 小时所有航班按照不同时间窗划分为出发航班、到达航班和在途航班三种类型。图 4-1 是不同航班时间窗划分示意图，其中 $Type$（1）表示航班出发时间 t_{ij}^s 在时间窗内，说明航班在统计时段内已经起飞；$Type$（2）表示航班到达时间 t_{ij}^e 在时间窗内，航班在统计时段内处于落地状态；$Type$（3）表示航班在时间窗内是在途飞行的状态。

4.1.1.3 Dice 相似系数

Dice 相似系数由戴斯（Dice，1945）提出，也被称为"Sorensen-Dice 系数"。它表明网络节点不仅受共同邻居的影响，同时也受到节点自身度的影响。其计算公式为：

$$D(X, Y) = \frac{2 \times \varphi(x) \cap \varphi(y)}{k(x) + k(y)} \tag{4-5}$$

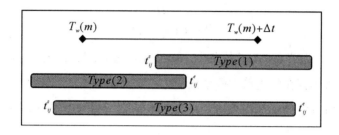

图 4-1　时间窗设置示意图

式中，$k(x)$ 和 $k(y)$ 表示两个节点的度，本书中即为两个机场节点的度的大小。$\varphi(x) \cap \varphi(y)$ 表示两机场的共同邻居数量。本书中利用该相似系数计算任意两个机场间航线网络相似程度。

4.1.2　数据来源

本书研究的数据为网络爬取数据，航空网络由 183 个通航机场、1 603条定期航线组成，统计国内所有航空公司航班信息，航班总量为 14 269个。每条记录包括航班号、执飞航空公司、起飞机场、到达机场、起飞时间、到达时间、周航班频率、执飞机型等。

4.1.3　多机场系统航空网络整体静态结构特征

4.1.3.1　多机场系统组成

中国已呈现以京津冀、长三角、粤港澳大湾区三大城市群为依托的多机场系统，研究这三个多机场系统的网络特征，对促进其整合资源、协调发展具有重大示范意义。表 4-1 给出了 2017 年三大多机场系统的划分及其旅客吞吐量占全国比例。

表4-1 2017年三大多机场系统的划分及其旅客吞吐量占全国比例

多机场系统	省份	机场名称	IATA代码	吞吐量占全国比例/%	多机场系统	省份	机场名称	IATA代码	吞吐量占全国比例/%
京津冀(9)	北京	北京首都国际机场	PEK	8.30	长三角(18)	江苏	南京禄口国际机场	NKG	2.25
		北京南苑机场	BJS	0.51			苏南硕放国际机场	WUX	0.58
	天津	天津滨海国际机场	TSN	1.82			常州奔牛国际机场	CZX	0.22
	河北	石家庄正定国际机场	SJW	0.83			徐州观音国际机场	XUZ	0.17
		张家口宁远机场	ZQZ	0.05			南通兴东国际机场	NTG	0.18
		唐山三女河机场	TVS	0.05			扬州泰州国际机场	YTY	0.16
		秦皇岛山海关机场	SHP	0.03			连云港白塔埠国际机场	LYG	0.10
		邯郸马头机场	HDG	0.06			盐城南洋国际机场	YNZ	0.11
		承德普宁机场	CDE	0.01			淮安涟水国际机场	HIA	0.11
珠三角*(8)	广东	广州白云国际机场	CAN	5.73		上海	上海浦东国际机场	PVG	6.10
		揭阳潮汕国际机场	SWA	0.42			上海虹桥国际机场	SHA	3.65
		湛江机场	ZHA	0.18		浙江	杭州萧山国际机场	HGH	3.10
		梅州梅县机场	MXZ	0.03			宁波栎社国际机场	NGB	0.82
		惠州平潭机场	HUZ	0.08			温州龙湾国际机场	WNZ	0.81
		深圳宝安国际机场	SZX	3.97			义乌机场	YIW	0.11
		珠海金湾机场	ZUH	0.80			衢州机场	JUZ	0.02
		佛山沙堤机场	FUO	0.04			舟山普陀山机场	HSN	0.09
							台州路桥机场	HYN	0.07

注：＊不包括香港和澳门的机场。

4.1.3.2　多机场系统航线网络总体静态特征

本书的研究先从整体角度分析国内三大多机场系统的航空网络结构的静态特征。本书根据复杂网络特征计算公式，得到航线网络特征基本统计结果。总体来看，三大多机场系统网络平均度$<k>$=20.36，平均聚类系数$<c>$=0.663，表明两个机场之间的分离程度很小。平均路径长度$<l>$=2.412，网络直径$<d>$=4，说明网络中任意两个机场间平均只要2.4次转机就可以达到，最多需要4次中转。另外，较短的路径长度和较高的聚类系数表明三大多机场系统具有典型的小世界网络特性。图4-2表明三大多机场系统航空网络节点度分布。由图4-2可以看出，多机场系统网络总体上服从幂律分布，也揭示了航线网络的无标度特征（陈欣等，2020）。

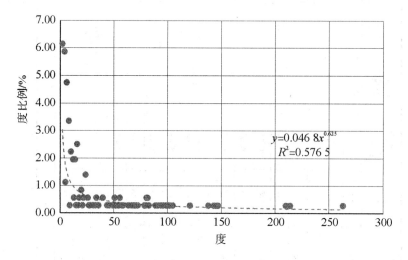

图4-2　三大多机场系统航空网络节点度分布

表4-2给出不同文献中中国航空网络的总体拓扑特征。全国航空网络平均度$<k>$=22.85，平均路径长度$<l>$=2.064，平均聚类系数$<c>$=0.726。和2005年、2010年相比，由于网络密度的增加，2017全国航空网络具有更高的平均度和簇系数，同时平均路径长度更短。

表 4-2　中国航空网络的总体拓扑特征

	$<k>$	$<c>$	$<l>$
Liu 等（2005）	11.38	0.75	2.26
Zeng 等（2010）	14.72	0.70	2.14
全国（2017）	22.85	0.726	2.064
三大多机场系统	20.36	0.663	2.412

4.1.4　多机场系统航空网络动态演化特征

4.1.4.1　时间窗内航班数量变化特征

由图 4-3 可知，三大多机场系统的航班数量变化特征趋于一致，早上
6：00 开始的 4 个小时，航班量快速增加，在 10：00 达到第一个波峰，
10：00到18：00 保持较高的航班量，18：00 到次日 2：00 逐渐下降，其
中83.08%的航班在 10：00 到 24：00 执行，高峰时间是每日的 10：00 到
18：00，占所有航班的56.09%。

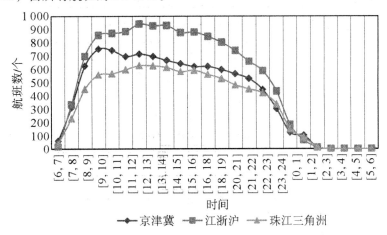

图 4-3　三大多机场系统航班数量动态变化

4.1.4.2　航线网络的空间变化和连通性的演化特征

6：00 到 7：00 的航线网络呈现稀疏的空间分布和低连通性。10：00 到
18：00 的航线网络增长迅速，具有高密度和高连通性，该时间段出现了大量
新航线网络连接。至凌晨时间段，大部分航线网络完成服务，仅剩少量航班

在途，等待航班降落，网络再次呈现出显著稀疏性（陈欣等，2020）。

4.1.4.3　多机场系统航线网络结构时间演变特征

从三大多机场系统航线网络拓扑结构时间变化特性来看（见图4-4），除了平均路径长度由于节点减少持续增加以外，所有属性的时间序列都与航班数量变化特征一致，显示出一个峰值和一个非峰值。三个多机场系统的平均路径长度$<l>$数值非常接近，变化趋势也相同。网络平均度$<k>$和聚类系数$<c>$呈现出的变化趋势为：长三角多机场系统>京津冀多机场系统>珠三角多机场系统，这可能与长三角多机场系统机场数量多于其他两个多机场系统有关，机场密度和航线网络都更加密集。中介中心度$<b>$方面，京津冀多机场系统超过长三角多机场系统。

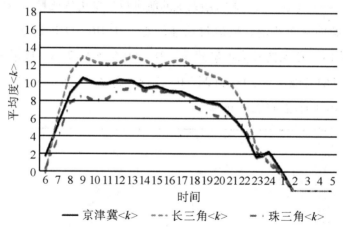

平均度$<k>$的时间特性

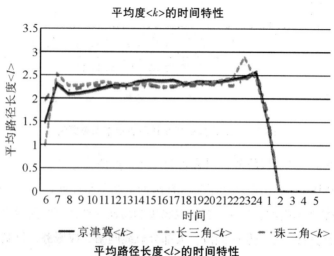

平均路径长度$<l>$的时间特性

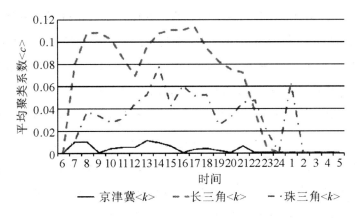

聚类系数<c>的时间特性

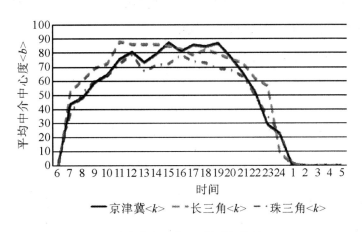

平均中介中心度<b>的时间特性

图4-4 三大多机场系统航线网络拓扑结构时间变化特性

4.1.4.4 多机场系统的航班集中性分析

集中性用于描述大量事件在短时间内发生的现象，网络的时间动态行为可以通过集中性来量化（Mou 等，2017）。本书计算给定节点上两个连续等待时间，在同一个机场前后两个航班 $(i, j, t_{ij}^s, t_{ij}^e)$ 和 $(i, k, t_{ik}^s, t_{ik}^e)$ 的等待时间定义为 $W_t = t_{ik}^s - t_{ij}^s$。本书计算机场所有等待时间的均值 μ 和标准差 σ，均值越小，标准差越小说明机场等待时间越紧凑，机场集中性越强。

为了显示机场节点之间航班模式的一致性，本书通过基于 DBSCAN 聚类的方法对机场进行分类。DBSCAN 聚类算法最早由埃斯特尔（Ester）等人在 1996 年提出（Ester 等，1996），其基本思想如下：对于簇中的每个数据点，在给定的半径的邻域内包含的数据点数目必须不小于某一给定值（*Minpts*）。本书设置半径 *eps* = 15，聚类最小个数 *Minpts* = 5，分类结果如图 4-5 所示。图 4-5 中，分类 1 为密集型，分类 2 为周期型，分类 3 为稀疏型。表 4-3 给出具体分类，第一类密集型机场主要是国际机场，均值 μ 和标准差 σ 很小，平均航班间隔约为 6 分钟，机场非常繁忙。第二类是周期型机场，均值 μ 和标准差 σ 较大，在固定时刻有航班，平均航班间隔大约 46 分钟，机场比较繁忙。第三类是稀疏型机场，即只在某些时刻有航班，航班间隔时间约 100 分钟，机场不拥堵。

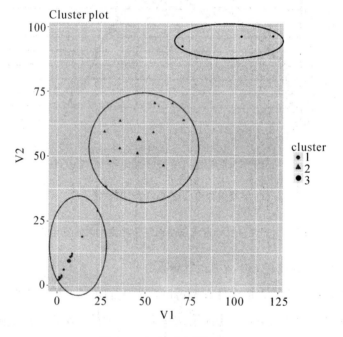

图 4-5　机场集中性聚类图

表 4-3 机场聚类表

类别	平均值	标准差	机场	京津冀/个	珠三角/个	长三角/个
第一类（密集型）	6.71	9.42	天津滨海国际机场、北京首都国际机场、石家庄正定国际机场、广州白云国际机场、揭阳潮汕国际机场、深圳宝安国际机场、常州奔牛国际机场、上海虹桥国际机场、杭州萧山国际机场、宁波栎社国际机场、温州龙湾国际机场、南京禄口国际机场	3	3	6
第二类（周期型）	46.11	56.78	张家口宁远机场、秦皇岛山海关机场、湛江机场、徐州观音国际机场、南通兴东国际机场、扬州泰州国际机场、连云港白塔埠国际机场、盐城南洋国际机场、淮安涟水国际机场、义乌机场、台州路桥机场	2	1	8
第三类（稀疏型）	98.64	95.29	邯郸马头机场、梅州梅县机场、舟山普陀山机场、唐山三女河机场、佛山沙堤机场、衢州机场	2	2	2

4.1.4.5 多机场系统航线网络同构性分析

本书根据 Dice 相似度算法和航线网络数据，计算得到各个多机场系统航线网络相似系数，如表 4-4 所示。由表 4-4 可知，京津冀多机场系统和珠三角多机场系统中相似度在 0.5 以下的机场对比例约占 85%，而长三角多机场系统仅为 60% 左右，有近 40% 的机场航线网络相似度超过 0.5。京津冀多机场系统（见图 4-6）平均相似度为 0.25。其中，天津滨海国际机场和周围机场相似度最高。天津与北京、石家庄、唐山地理位置相近，腹地重叠度较高，这可能是造成其与周边机场航线网络同质化发展的重要原因。

表4-4　航线网络相似度系数

相似度分布	京津冀多机场系统		珠三角多机场系统		长三角多机场系统	
	机场对个数/个	百分比/%	机场对个数/个	百分比/%	机场对个数/个	百分比/%
0~0.2	11	52.38	19	67.86	29	18.95
0.2~0.5	7	33.33	5	17.86	65	42.48
>0.5	3	14.29	4	14.29	59	38.56
平均值	7	40.59	9	51.28	51	21.64

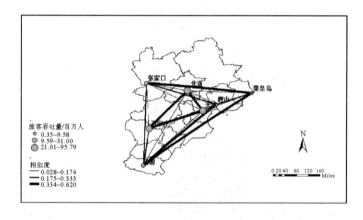

图4-6　京津冀多机场系统相似度

珠三角多机场系统（见图4-7）平均相似度为0.18，呈现出明显的两极分化现象。其中，广州白云国际机场、深圳宝安国际机场和珠海金湾机场与周围机场相似度较高，这三个机场是珠三角核心地带，对外开放程度高，且作为区域枢纽型机场，均能提供相对完善的机场服务水平，因此市场资源竞争较为激烈。

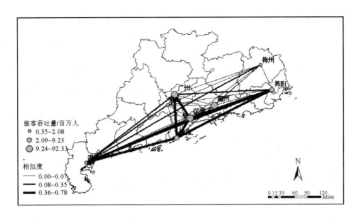

图 4-7　珠三角多机场系统相似度

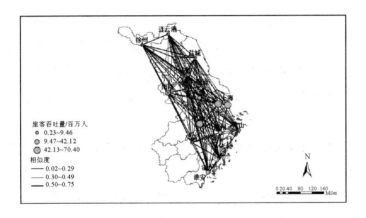

图 4-8　长三角多机场系统相似度

长三角多机场系统（见图 4-8）平均相似度为 0.41，内部竞争非常激烈，其中 38.56% 的机场对相似度都超过了 0.5，42.48% 机场对相似度在 0.2 和 0.5 之间，同质化水平严重。从多机场系统内部航线网络相似度的对比分析发现：

（1）南京禄口国际机场和周边城市相似度最高达到 0.43，相似度超过 0.5 的有 7 个机场。杭州萧山国际机场的平均相似度为 0.4，相似度超过 0.5 的有 5 个机场，说明航线竞争激烈。从上海两大机场来看，与其他机场相似度都不高，上海虹桥国际机场平均相似度为 0.28，上海浦东国际机场平均相似度为 0.2，这与上海的机场的国家门户枢纽定位特征具有紧密关系，其他机场难以形成与上海的机场相似的航线网络结构。

（2）对于江苏来说，9 个机场的平均相似度达到 0.52，其中相似度超过 0.5 的占比为 61%；浙江 7 个机场的平均相似度仅有 0.38，明显小于江苏的机场体系航线网络平均相似度，说明其差异化协同发展程度相对较好。此外，在浙江的 21 个机场对中，相似度超过 0.5 的仅为 38%。因此，江苏的机场的航线网络结构同质性特征要更为突出。

4.1.5　多机场系统航线网络特征总结

综合以上分析可以得出我国三大多机场系统的航线网络结构具有以下基本特征：

4.1.5.1　航线网络整体呈现小世界网络特征和无标度特征

本书通过分析三大多机场系统网络的静态结构特征，发现它们的度分布呈幂分布，具有显著的小世界网络和无标度特性，得到平均度$<k>$为 20.36，平均路径长度$<l>$为 2.412，平均聚类系数$<c>$为 0.663，网络直径$<d>$为 4。

4.1.5.2　航线网络动态演化分析显示长三角多机场系统密集性特征最为显著

本书通过对比不同时间窗下的多机场系统航线网络结构变化，发现系统航线网络的动态时间演化特征。本书研究时间窗内航班数量变化特征，高峰期在 10：00 到 18：00，占所有航班数量的 56.09%。本书分析时间演化的拓扑结构特征，除了平均路径长度外，所有属性的时间序列都与航班数量变化特征一致，显示出一个峰值和一个非峰值。在平均度$<k>$和聚类系数$<c>$两个特性上，长三角多机场系统>京津冀多机场系统>珠三角多机场系统，说明长三角城市群的机场密度和航线网络都更加密集。本书用集中性来量化机场的繁忙程度，通过 DBSCAN 将三大多机场系统的各子机场分为 3 类（密集型、周期型和稀疏型），其中长三角多机场系统有最多机场分布在密集型中，其次是京津冀多机场系统。

4.1.5.3　三大多机场系统多存在航线网络同质化现象，其中以长三角多机场系统最为明显

本书通过 Dice 相似系数分析多机场系统的航线网络结构相似度。结果显示，长三角多机场系统内部航线网络同质化最严重，其后依次是京津冀多机场系统和珠三角多机场系统。

基于以上基本特征，从城市群区域层面来说，我国需要加快整合航线网络资源，推动区域多机场系统一体化经营，构建以多机场系统为单元的一体化运营管理系统，处理好各子机场的自身发展及与周边机场同构性竞争关系，根据腹地市场规模和结构进行差异化定位和发展，对区域航空资源进行优化配置，提高机场系统运营效率。

4.2　多机场系统的航线网络优化模型及求解算法设计

多机场系统航线网络结构优化的目标首先应保证与区域航空需求相匹配，并考虑枢纽机场容量限制、中小机场利用率等约束条件，通过合理设置区域航线网络的组织结构，降低多机场系统的航线网络同构性，以实现旅客和航空公司相关利益最大化的目标，探寻系统最优航线网络布局形态，从而提高系统运行效率，减少系统内耗。

本部分通过构建非线性双层规划模型对多机场系统航线网络进行优化，上层规划模型以旅客效用损失最小化为目标函数，下层规划以航空公司利润最大化为目标函数（Takebayashi，2012；宋聂，2016；王璐等，2017；陈梵驿等，2017）。

4.2.1　模型构建

上层规划模型的目标函数为：

$$\min_{x_k^{ij}}\Pi(x_k^{ij}) = \frac{1}{\theta}\sum_{ij\in\Omega}\sum_{k\in K^{ij}}x_k^{ij}(\ln x_k^{ij} - 1) - \sum_{ij\in\Omega}\sum_{k\in K^{ij}}\mu_k^{ij}x_k^{ij} \qquad (4\text{-}6)$$

式中，OD 对表示航空需求起讫点对，Ω 表示 OD 对的集合，OD 对 ij 间存在 K^{ij} 条航线，$ij\in\Omega$，$k\in K^{ij}$。x_k^{ij} 表示 OD 对 ij 间第 k 条航线的客流量

（$x_k^{ij} = 0$ 表示第 k 条航线的客流量为零，即第 k 条航线不开通），μ_k^{ij} 表示 OD 对 ij 间第 k 条航线的出行效用函数，θ 表示预设参数，$\theta \in (0, 1]$。

上层规划模型的约束条件为：

（1）OD 对 ij 间所有航线流量的总客流量等于航空总需求量，即：

$$\sum_{k \in K^{ij}} x_k^{ij} = X^{ij}$$

式中，X^{ij} 表示 OD 对 ij 间的航空总需求量。

（2）第 l^n 条航线的客流量小于等于航空公司 n 的可提供座位数，即：

$$x_{l^n} = \sum_{ij \in \Omega} \sum_{k \in K^{ij}} x_k^{ij} \delta_{l^n}^{ijk} \leqslant v_{l^n} f_{l^n}$$

式中，x_{l^n} 表示第 l^n 条航线的客流量，v_{l^n} 表示第 l^n 条航线上可提供的座位数，f_{l^n} 表示第 l^n 条航线上的航班频率，由下层规划确定。

设航空公司的总数量为 N，$n \in N$。l^n 表示航空公司 n 运营的所有航线数；$\delta_{l^n}^{ijk} = 1$ 表示 OD 对 ij 间第 k 条航线被航空公司 n 开辟，反之 $\delta_{l^n}^{ijk} = 0$ 表示 OD 对 ij 间第 k 条航线没有被航空公司 n 开辟，$l^n \in I^n$。下层规划模型的目标函数为：

$$\max_{f_{l^n}} \Lambda^n(f_{l^n}) = \sum_{ij \in \Omega} \sum_{k \in K^{ij}} p_k^{ij} \tilde{x}_k^{ij} \delta_{l^n}^{ijk} - \sum_{l^n \in I^n} C_{l^n}^{OP}(v_{l^n}) f_{l^n} \tag{4-7}$$

式中，p_k^{ij} 表示 OD 对 ij 间第 k 条航线的机票价格，$\tilde{x}_k^{ij}$ 表示上层规划中得到的 OD 对 ij 间第 k 条航线的最优客流量，$C_{l^n}^{OP}$ 表示航线 l^n 的运营成本。

下层规划模型的约束条件为：

（1）第 l^n 条航线的客流量小于等于航空公司 n 的可提供座位数，即：

$$\sum_{ij \in \Omega} \sum_{k \in K^{ij}} \tilde{x}_k^{ij} \delta_{l^n}^{ijk} \leqslant f_{l^n} v_{l^n}$$

（2）航空公司 n 在机场 $a \in A$ 的航线总数量不能大于该机场 a 分配给它的容量 F_a^n，即：

$$\sum_{l^n \in I^n} f_{l^n} \delta_{l^n}^a \leqslant F_a^n$$

式中，$\delta_{l^n}^a = 1$ 表示机场 a 开辟 l^n 航线，$\delta_{l^n}^a = 0$ 表示机场 a 没有开辟 l^n 航线；F_h^a 表示机场 a 分配给航空公司 n 的容量；多机场系统中包含的机场总数量为 A。

（3）第 l^n 条航线上所提供航班的频率应不小于民航管理部门提出的航班频率下限，以满足多机场系统的出行需求，即：

$$f_{l^n} \geq f_{\min}$$

式中，$f_{\min}$ 表示航班频率下限。

4.2.2 求解算法设计

以上航线网络优化问题属于非线性双层规划（nonlinear bilevel programming，NBLP），是个强 NP-hard 问题（Chen & Florian，1995；Gumus & Floudas，2001）。目前的主要求解算法包括精确算法、启发算法以及群智能算法等。精确算法多数基于 Kuhn-Tucker（K-T）条件，必须要求目标函数或约束条件可微或凸性，而启发算法则需要对原问题进行转化，且结构复杂，求解效率依赖特定的问题，难以直接推广应用。群智能优化算法对函数要求较低且具有较强的全局搜索能力被逐渐用于求解 NBLP 问题。粒子群优化（particle swarm optimization，PSO）算法是一种基于社会群体行为的智能优化算法，由肯尼迪（Kennedy）等人于 1995 年首次提出，近年来在 NBLP 问题的求解中受到广泛关注。该算法通过设计嵌套的 PSO 算法来解决航线网络优化问题，即双层规划模型的上下两层均采用 PSO 算法来求解，再通过相互嵌套和分层迭代来得到最终解（李相勇和田澎，2008；王伟倩，2014；范成礼等，2015；赵志刚等，2013），包括如下步骤：

步骤 1：算法参数初始化。设粒子群的粒子总数为 m；随机产生满足约束条件的下层模型的初始解 f_{l^n}；初始化第 $i \in [1，m]$ 个粒子的初始速度 V_i，第 i 个粒子的初始位置 x_k^{ij}；初始化下层模型的最优解 $f_{l^n}^{\ *} = f_{l^n}$，第 i 个粒子的最佳位置 $p_{i\_best} = x_k^{ij}$，粒子群的最佳位置 $g_{best} = \{p_{i\_best}\}$。

步骤 2：计算第 i 个粒子在最佳位置 p_{i_best} 时的适应度，即将 $(p_{i\_best}，f_{l^n}^{\ *})$ 带入上层规划模型的目标函数中，计算第 i 个粒子的适应度 $\Pi(p_{i\_best})$。

步骤 3：对粒子群中的所有粒子，进行如下操作。

①利用 PSO 算法更新第 i 个粒子的位置 x_k^{ij} 和速度 V_i。

②求解下层规划模型的目标函数，将 x_k^{ij} 带入下层规划模型的目标函数中，利用 PSO 算法更新下层模型的最优解 f_{ln}。

③将 (x_k^{ij}, f_{ln}) 带入上层规划模型的目标函数中，计算第 i 个粒子的适应度 $\Pi(x_k^{ij})$。

④如果 $\Pi(x_k^{ij})$ 优于 $\Pi(p_{i\_best})$，则更新第 i 个粒子的最佳位置为 p_{i_best} $= x_k^{ij}$，更新 $f_{ln}{}^* = f_{ln}$，更新粒子群的最佳位置 g_{best}；否则，返回操作①，直至所有粒子完成更新。

步骤 4：判断最佳位置 g_{best} 是否满足精度要求，若满足，则进入步骤 6；否则，进入步骤 5。

步骤 5：根据公式 $g_{best} = g_{best} \times (1 + \eta \times 0.5)$，$\eta$ 为 0~1 的任意数，利用 PSO 算法更新下层模型的最优解 $f_{ln}{}^*$，返回步骤 3。

步骤 6：输出优化结果，算法结束。

4.3 多机场系统航线网络设计和优化流程

4.3.1 设计前提、设计原则和设计模式

不同于单机场的航线网络规划，多机场系统的航线网络设计应满足一定的设计前提和设计原则。

4.3.1.1 设计前提

（1）设定城市群内的多机场系统为有机整体，相互间建立合作联盟或由统一机构进行组织管理。

（2）设定多机场系统内主要枢纽机场的航线网络集中度较高，存在容量限制，需要优化分配到系统内其他中小机场，且中小机场的航班时刻容量存在冗余以承接系统内的航线调配。

（3）设定城市群内航空旅客选择任意出发地点至区域内任一始发机场具有完善通达的地面交通衔接网络（ground accessibility）。

4.3.1.2 设计原则

（1）均等化和差异化（某些重要航线应该在多机场系统内所有机场实

现均等化设置，某些商务、旅游航线则集中在多机场系统的某些特定机场设置，其他城市通过城市群内的地面交通方便与该特定机场连接并获得该类特定航线服务）。

（2）航线网络具有最大覆盖范围，城市群内航空出行需求都可以得到充分满足。

（3）多机场系统的航线网络连通性得到加强。

（4）航空公司运行成本不高于现状航线网络结构的运营成本。

（5）航空旅客出行选择增加，且出行总成本没有增加。

（6）主要枢纽机场的拥堵状况（高峰小时）得到缓解，中小机场的利用率得到提升。

（7）社会剩余总额（social surplus）实现最大化。

4.3.1.3　设计模式

结合世界上主要多机场系统内航线网络结构发展经验，本书提出将多机场系统按照时空距离分成三类，即城市群层面（metropolitan）多机场系统、区域层面（regional）多机场系统、地方层面（local）多机场系统，并分别提出相应的航线网络发展建议。

对于第一类多机场系统，其服务辐射范围为 2 小时地面交通圈，包括本地核心市场、区域直接腹地以及全域航空市场。其航线网络属于综合型，并偏重于国际航线，其竞争的对象和层面应放到国家级和世界级。

对于第二类多机场系统，其辐射服务范围为 1.5 小时地面交通圈，主要包括本地核心市场以及区域腹地。其航线网络应与区域经济结构和产业特点相吻合，偏重于国内航线布局，辅助区域联系紧密的国际部分，其竞争的对象属于系统内同一级别的航空枢纽。

对于第三类多机场系统，其辐射服务范围为 1 小时地面交通圈，以本地区或机场周边 1 小时腹地范围航空市场为主。其航线网络的设置以满足本地市经济发展需求和均等化航空需求为主，偏重于第一类多机场系统和第二类多机场系统的溢出市场，重点做好本地的特色航空市场（如旅客航线、包机航线等），在航线发展上可以采取一定的政策引导措施，如针对性的补贴或出台鼓励政策。

以上三种航线设置模式也是区域多机场系统内各机场功能定位的参考依据，未来航线结构确定之后，其对应的子机场系统的功能定位也可以随之确定。需要指出的是，这些航线设置建议并不是固定的，应坚持市场竞争与政府调节相结合的应用方式，根据航空市场和地方经济发展需要进行动态调整，可以在区域多机场系统协调发展委员会统一指导下完成。

4.3.2 设计步骤

多机场系统航线网络设计与优化步骤为图4-9所示。

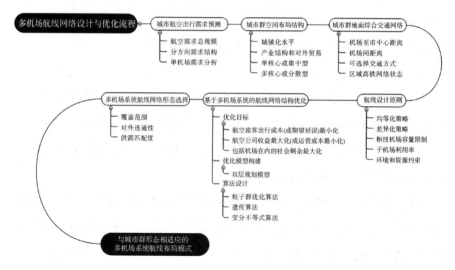

图4-9 多机场系统航线网络设计与优化步骤

4.4 本章小结

首先，本章运用复杂网络理论分析了多机场系统航线网络特征，对我国三大多机场系统来说，其航线网络结构具有小世界网络特征和无标度特征，从动态演化角度来说，又表现出密集性特征，长三角多机场系统中航线网络同构性特征最为明显。其次，本章运用非线性双层规划理论构建了多机场系统下的航线网络优化模型。最后，本章总结分析了基于多机场系统为决策单元的航线网络设计和优化流程。本章中所采用的研究分析方法可以为城市群中多机场系统的航线网络规划、设计优化以及相适应的布局模式选择提供理论支撑和参考。

本章参考文献

［1］ALBERT R, BARABASI A L. Statistical mechanics of complex networks ［J］. Rev. mod. phys, 2002, 74 (1): 47-97.

［2］BAGLER G. Analysis of the airport network of India as a complex weighted network ［J］. Statistical mechanics and its applications, 2008, 387 (2): 2972-2980.

［3］CHEN Y, FLORIAN M. The nonlinear bilevel programming problem: Formulations, regularity and optimality conditions ［J］. Optimization, 1995, 32 (3): 193-209.

［4］DICE L R. Measures of the amount of ecologic association between species ［J］. Ecology, 1945, 26 (3): 297-302.

［5］GUIMERA R, AMARAL L A N. Modeling the world-wide airport network ［J］. The european physical journal B, 2004, 38 (2): 381-385.

［6］LI W, CAI X. Statistical analysis of airport network of China ［J］. Physical review E statistical nonliner & soft matter physics, 2004, 69 (4): 046106.

［7］LU J, WAN W. Identification of key nodes in microblog networks ［J］. ETRI Journal, 2016, 38 (1): 52-61.

［8］MARK E J. The structure and function of complex networks ［J］. SIAM Review, 2003, 45 (2): 167-256.

［9］MOU J, LIU C, CHEN S, et al. Temporal characteristics of the chinese aviation network and their effects on the spread of infectious Diseases ［J］. Sci Rep, 2017, 7 (1): 1275.

　　［10］NEWMAN M E J. Networks：An introduction ［M］. Oxford：Oxford university press，2010.

　　［11］TAKEBAYASHI M. Managing the multiple airport system by coordinating short/long-haul flights ［J］. Journal of air transport management，2012，22：16-20.

　　［12］WANG H, GAO J. Bayesian network assessment method for civil aviation safety based on flight delays ［J］. Mathematical problems in engineering 2013（4）：1-12.

　　［13］WENG W G, NI S J, YUAN H Y, et al. Modeling the dynamics of disaster spreading from key nodes in complex networks ［J］. International journal of modern physics C，2007，18（5）：889-901.

　　［14］WUELLNER D, ROY S, D'SOUZA R. Resilience and rewiring of the passenger airline networks in the United States ［J］. Physical review E, statistical, nonlinear, and soft matter physics，2010，82（5）：056101.

　　［15］刘宏鲲，周涛. 中国城市航空网络的实证研究与分析 ［J］. 物理学报，2007（1）：106-112.

　　［16］周一星，胡智勇. 从航空运输看中国城市体系的空间网络结构 ［J］. 地理研究，2002（3）：276-286.

　　［17］宋聂. 基于多机场系统的航线网络规划 ［D］. 南京：南京航空航天大学，2016.

　　［18］李相勇，田澎. 双层规划问题的粒子群算法研究 ［J］. 管理科学学报，2008（5）：41-52，109.

　　［19］王伟倩. 基于改进粒子群的双层规划求解算法研究 ［D］. 南宁：广西大学，2014.

　　［20］王姣娥，莫辉辉，金凤君. 中国航空网络空间结构的复杂性 ［J］. 地理学报，2009，64（8）：899-910.

　　［21］王法辉，金凤君，曾光. 中国航空客运网络的空间演化模式研究 ［J］. 地理科学，2003，23（5）：519-525.

[22] 王璐, 张小宁, 何俊凯, 等. 多机场系统内外部航线网络构建的优化问题 [J]. 航空计算技术, 2017, 47 (4): 22-25.

[23] 范成礼, 邢清华, 付强, 等. 求解非线性双层规划问题的混合变邻域粒子群算法 [J]. 系统工程理论与实践, 2015, 35 (2): 473-480.

[24] 蒋永雷, 杨忠振, 王璐, 等. 区域机场同质化发展特征分析: 以长三角地区机场群为例 [J]. 经济地理, 2013 (2): 122-127.

[25] 赵志刚, 王伟倩, 黄树运. 基于改进粒子群的双层规划求解算法 [J]. 计算机科学, 2013 (11A): 115-119.

[26] 邵荃, 朱燕, 贾萌, 等. 基于复杂网络理论的航班延误波及分析 [J]. 航空计算技术, 2015, 45 (4): 24-28.

[27] 陈梵驿, 杨新湦, 翟文鹏, 等. 基于决策树C4.5算法的京津冀机场群航线网络优化 [J]. 中国科技论文, 2017, 12 (7): 798-801.

[28] 陈欣, 李心茹, 戴靓, 等. 基于复杂网络的机场群航线网络动态特征分析 [J]. 交通科技与经济, 2020, 22 (3): 5-11, 41.

5　多机场系统
协调度评价及应用

多机场系统是典型的耗散结构，其结构性矛盾化解的根本目标是实现系统由混乱无序状态转向时空和功能的有序状态。本章介绍多机场系统的协调度评价方法和协调度评价函数，并以长三角多机场系统为例进行应用分析。

5.1　多机场系统协调度内涵分析

5.1.1　协同与协调的联系和区别

根据《辞海》的释义，"协同"指各方互相配合，如协同作战。《辞海》给出"协同作用"的解释，即各种分散的作用在联合中使总效果优于单独效果之和的相互作用。此外，协同还有协助的意思。"协调"的释义包括配合得当、和谐一致。从以上释义可以看出，协同是系统内各子系统为实现共同发展目标或共同利益而采取的基于组织特征的行为或措施。在一个系统内，若各种子系统（要素）不能很好地协同，甚至互相拆台，这样的系统必然呈现无序状态，发挥不了整体性功能而终至瓦解。相反，若系统中各子系统（要素）能很好地配合和协同，多种力量就能集聚成一个总力量，形成大大超越原各自功能总和的新功能。因此，协同的结果不仅使系统各方均获得收益和共同发展，也将使系统整体有序性得到进一步加强。系统各方为实现系统总体功能和各自发展目标最大化的相互配合程度则称为协调度。

协调除了作为一种调节手段或一种管理和控制的职能之外，有时也作为一种状态表明各子系统或各系统因素之间、系统各功能之间、结构或目标之间的融合关系，从而描述系统整体效应是如何的。系统各方相互配合之后所达到的系统整体的和谐一致程度称为系统协调度，可以作为衡量协同过程优劣的评价标准。为实现这种和谐一致而对系统采取的若干调节控制活动称为对系统施加的协调作用。从组织层面来说，协调属于管理职能范畴，系统内各方之间相互协调性不强，主要由上层组织围绕系统发展目标，对组织整体中各种活动的相互联系加以调节，使这些活动有机地结合在一起，减少矛盾，促进组织目标的实现。协同与协调相互联系也相互区别。协同更加注重事物的进展和过程，协调则是系统发展到一定阶段的状态描述，更加偏重事物发展的结果（沈鹏和杨浩，2007）。协同发展的动力来源于系统总体协调发展的根本要求。对于系统内部各方来说，协同发展是系统各方在明确系统既定发展目标，并根据自身定位和功能来共同推动系统达到总体协调。系统内部各子系统（要素）之间协同效应越大，系统协调程度越高。简而言之，协调度也就是系统的协同发展程度。

5.1.2　多机场系统协同发展的内涵分析

区域多机场系统是一个由多层次、多变量组成的，航空运输供给和航空运输需求相平衡的复合系统。各子系统是否协同、结构是否合理，关系到区域多机场系统的整体经济社会效益，即能否最大限度地满足社会经济发展对区域多机场系统的需要，更关系到各子机场之间如何协调分配，使航空运输系统效益最大化的问题。在研究区域多机场系统这种动态变化过程中，准确把握系统协同发展的内涵是科学评价系统协调度的前提。

区域多机场系统协同发展应该从城市群区域发展的整体角度出发，基于区域整体航空运输需求来考虑区域内各机场的规划、建设和运营，避免目前以行政区域条块分割的规划与建设造成的资源浪费及不合理的竞争。政府部门必须使各子机场在发展过程以及发展阶段保持衔接性和配套性。例如，从城市群整体统筹考虑各子机场投资建设，避免争相投资重复建设以及无效竞争等现象的发生。同时，区域多机场系统协同发展涉及多个行政区域，这些区域既有共性，也有其特点。在考虑区域多机场系统协同发展的过程中，政府部门既要注重建立具有特色的各子机场系统，又要打破行政区域地理界限，合理配置资源，明确各子机场自身定位，进行错位分层发展，建立基于城市群经济发展需求的区域多机场系统。

综合上述分析，多机场系统的协同性应包括系统内各子机场之间以及子机场与经济社会发展系统的相互配合关系，目标是使区域机场系统达到整体、综合和内性发展的有序组合，使之具有合理的结构、布局以及发展比重，呈现系统内各机场资源高效利用、机场规模与区域经济增长相辅相成的动态平衡状态（翁亮，2008）。因此，区域多机场系统协同性基本内涵可以概括为以下内容：

第一，多机场系统整体与区域经济系统的协同发展。

区域多机场系统与区域经济、社会、环境之间具有相互影响、相互促进和相互制约的关系。当航空运输业的发展与国民经济发展相适应时，能够满足国民经济发展需求，并促进国民经济社会发展；反之，则制约国民经济社会系统的发展。区域多机场系统客观上需要与经济社会系统协同发展，保持系统之间的动态平衡关系，使得区域多机场系统与经济社会系统发展保持一定比例关系，从而使经济社会系统及区域多机场系统的发展达到整体较优的效果。这种协同关系实际上是最核心的协同关系。也就是说，多机场系统的子机场间的协同发展以及内部效率的提升最终体现就是多机场系统与区域经济系统的协同发展。

第二，多机场系统内各子机场之间的协同发展。

协同发展还体现在区域多机场系统内各子机场系统之间保持合理的运输结构。各子机场系统在完成航空运输需求的过程中，保持较佳的比例关系，合理分配区域内航空运输需求，使得区域多机场系统内的各子机场系统能够以较低的投入（成本）完成航空运输任务，并获取较高的收益，则区域多机场系统的运输结构是较合理的，区域多机场系统中的各子机场系统之间是协同发展的（翁亮，2008）。

5.1.3 多机场系统协同发展的必要性

5.1.3.1 多机场系统协同发展是城市群航空运输发展的必然要求

城市群多机场系统的出现的内在动因在于区域内航空需求总体规模的增加。与此同时，航空运输出行需求特征的转变也是区域多机场系统发展的重要推动因素。航空运输发展在满足城市群的区域总体需求的基础上，其出行需求的多样性特征也日益显著，区域内主要机场对于满足总量出行需求具有重要保障作用，而区域内二线机场对其腹地航空市场需求的满足体现在其对航空多样化需求的满足，从而在规模和结构上实现多机场系统的协同发展（翁亮，2008）。

5.1.3.2　多机场系统协同发展是提高城市群内各机场运营效率，避免恶性竞争的客观需要

在城市群内各级地方政府为了地方经济的发展和招商引资的需要，都非常重视其所在地机场的建设，而对于机场服务的腹地市场则关心甚少。随着地面交通网络的完善和发展，机场间腹地市场资源的界限不再清晰，机场间腹地资源的争夺也日趋激烈。这时区域内主要机场则变得更具有竞争力，能够吸引更多的航空客货运输市场需求，但也使得这些机场集中了区域内过多的航空业务量，并造成这些机场的空域和地面设施保障能力紧张等问题（如空中交通拥堵、航班延误严重）。同时，区域内其他机场容量利用率低下，机场设施供给能力过剩，并逐渐陷入"强者愈强、弱者愈弱"的马太效应怪圈。例如，苏南地区的常州机场和无锡机场①，其腹地范围交叉重叠程度很大，对于市场资源的竞争异常激烈，而苏北地区各小机场间也是航线网络布局同构性较强，机场难以实现错位发展，直接造成了资源的浪费。多机场系统的协同发展将在考虑城市群总体航空需求的基础上，通过建立多机场系统协同机制，依据区域经济发展状况及航空运输市场需求情况，对区域内各机场的航空资源（基础设施、空域资源和航线布局等）进行统一规划、统一调配，机场间通过实行功能划分、错位经营，专注于各自的服务对象和服务内容，充分发挥城市群内各机场在地理位置、设施配置等方面的优势条件，避免重复性建设和资源消耗，从而提高多机场系统的综合竞争力，使整个航空运输资源得到充分和有效的利用（翁亮，2008）。

5.1.3.3　多机场系统的协同发展是推动机场向专业化和规模化方向发展的重要手段

目前，多机场系统内各子机场定位大多趋于同质化，各机场所提供的航线种类、质量标准等也都基本相似。多机场系统协同发展后，各机场在

---

①　以下使用"城市名+机场"，不再使用具体机场名称。

功能设置上将不再追求原来"大而全、小而全"的模式，也不再提供各种类型的服务内容，而只需专注于系统总体目标和机场特点确定的一些特定的服务项目与服务对象，如有些机场可以选择航空货运作为主要业务，有些机场可以将低成本航空公司作为主要服务对象，即对机场的功能定位提出了更加专业化的要求，促使机场向专业化、集约化、规模化方向发展。从国外区域多机场系统发展来看，统筹规划系统内机场合理分工，通过专注于优势业务，走专业化、规模化、集约化道路是多机场系统发展的重要趋势（翁亮，2008）。

5.2 多机场系统协调度评价

研究和评价区域多机场系统内部（机场与机场之间）、多机场系统与区域经济之间内在联系和协同发展的程度，结合多机场系统发展的现状和存在的问题，提出可行建议和对策的重要支撑依据，对于提高城市群内机场之间、机场与区域经济之间的协同发展具有重要的支撑意义。根据区域多机场系统协调性内涵分析，多机场系统的协调度评价内容如下：

5.2.1 多机场系统整体与城市群经济系统的协调度评价

多机场系统与区域经济系统就是一个复合系统，它们之间具有相互影响、相互促进和相互制约的关系。作为城市群重要的交通基础设施，机场系统是区域招商引资和对外开放的重要依托资源，对地方经济发展具有极为重要的推动作用；同时，依托机场发展的航空运输业也是一个地区竞争力高低的重要参考，而这些也是众多地方政府机场建设热情高涨的根本原因。当机场与国民经济发展相协调时，能够适应国民经济发展需要，并支撑和促进国民经济发展；反之，经济发展水平的提高又进一步刺激了区域航空运输市场需求，促进机场系统和经济系统的良性循环。当机场发展过度超前或落后于地区经济发展水平时，两者协调性较差，一方面造成机场资源浪费，另一方面机场资源服务能力饱和，服务能力下降，区域航空需求不能得以有效满足，反过来又影响到区域经济发展。因此，多机场系统客观上存在与区域经济系统的协调发展、保持相互之间动态平衡关系的需要。

5.2.2 多机场系统内各子机场系统之间的协调发展程度的评价

城市群内各子机场系统之间协调度的评价重点是对机场规模和运营效率的评价，是对机场资源配置效率和设施利用效率的分析与判断，并以此找出各子机场系统运营效率的薄弱环节，为提高机场运行效率、促进机场协同发展提供决策依据。

本书针对评价内容选择合适的评价方法和评价模型，并根据对系统影响因素的分析，确立系统协调度评价指标体系，从而为实际应用奠定基础。区域多机场系统协调度评价体系框架如图5-1所示。

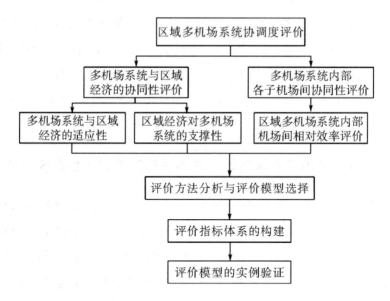

图5-1　区域多机场系统协调度评价体系框架

5.2.3 多机场系统协调度评价模型

5.2.3.1 系统效率评价方法

建立一个合理的度量和评价系统协调度的方法，是研究的重要内容和中心环节。从评价内容来说，多机场系统和区域经济系统之间、区域多机场系统各子机场之间、机场的生产资源之间的协调关系可以看成一种各系统追求自身运行效率最大化的过程。系统效率的评价通常可以通过衡量评价单元投入和产出之间的关系来实现。

对于多机场系统和经济系统之间的效率来说，可以看成互为投入和产出，它们之间的协同性表现出两系统的相互适应性和支撑性。对于多机场系统内各子机场系统间的效率来说，可以看成各子机场在自身投入条件下，相对于其他子机场系统的生产效率问题，它们之间的协同性表现为对机场资源的高效利用和效益水平的显著提升。对系统内的各子机场来说，可以看成机场资源在不同发展阶段受管理水平、技术水平影响的效率改善情况，它们之间的协同性表现为机场的设施规模与其自身服务水平的适应性。

针对系统效率的评价，国内外相关学者开展了大量研究。其中，数据包络分析方法（DEA）是应用最为广泛的一种研究方法。下面对该方法进行简单介绍。

5.2.3.2 数据包络分析方法的介绍

（1）数据包络分析方法的产生和发展。1978 年，运筹学家查纳斯（Charnes）、库珀（Cooper）和罗德斯（Rhodes）（Charnes 等，1978），基于法约尔（Farrell）的研究方法（Farrell，1957），提出了第一个数据包络分析模型——CCR 模型。它是在规模效益不变的条件下，度量决策单元相对效率的一种非参数方法。该方法利用所有受评估的决策单元投入、产出指标数据，构建一个生产效率前沿边界（也称边界生产函数）。凡是落在边界生产函数上的决策单元是相对有效的，效率值为 1，而落在效率前沿边界内的决策单元则是相对无效的，效率值在 0~1。例如，当某决策单元的效率值为 0.9 时，表示如果能充分利用现有条件，可以在保持产出不变的情况下，使投入比例下降 10%。1984 年，班克（Banker）等人给 CCR 模型加入了一个凸性限制条件（ $\sum_{j=1}^{n} \lambda_j = 1$ ），从而将 CCR 模型中规模效应不变的前提条件去除，使新模型能够度量决策单元规模效益递增或规模效应递减情况下的相对效率，以衡量处于不同规模报酬状态下的相对效率值，即 BCC 模型（Banker 等，1984）。它引进了距离函数的概念，把技术效率（technology efficiency，TE）分解成纯技术效率（pure technology efficiency，PTE）和规模效率（scale efficiency，SE），并证明了决策单元的技术无效除了资源配置（投入产出比）不当的因素外，也可能是源于决策单位的规模不适度。以上介绍的模型特征是以投入为导向（input-saving 或 input-oriented），即模型追求在一定产出水平下，尽可能减少输入要素，最小化资源投入水平。与之相对的是产出导向型（output-oriented），即在投入资源一定的情况下，能够得到尽可能多的产出。经过 30 多年的发展，DEA 理论日趋成熟，研究者纷纷从不同角度对 DEA 模型进行了改进，如 Log 型的 DEA 模型、加法型 C^2GS^2 模型、时间窗 DEA 模型以及具有无穷多个决策单元的半无限规划的 C^2W 模型和 C^2WY 模型等。安德森（Andersen）等提出了一种"超效率"DEA 模型（super-efficiency，SE-DEA），使有效决策单元之间也能比较效率的高低。蒂莫（Timothy）的研究提出了基于多标准-多目标和动态 DEA 模型。目前，对 DEA 模型应用和改进仍在不断进行当中（Kao，2014；Mardani 等，2017）。

（2）DEA 方法在区域多机场系统协同性评价的比较优势。选择数据包络分析法来研究多机场系统的协调度评价问题，出于以下几点考虑：

①DEA 方法是一种针对多投入、多产出有效性综合评价的方法。除了 DEA 方法外，其他方法几乎都局限于单输出的情况。机场系统正是一个包含多种投入和多种产出的决策系统，DEA 方法对其效率评价的应用性较强。

②机场系统兼具盈利性和公益性特点，不能简单地用利润最大化来对其效率进行评价，更难以找到包含各项指标的效用函数，而 DEA 方法可以不考虑机场效用函数，直接计算出机场效率，还包括技术效率、配置效率、纯技术效率、规模效率等，其结果能够比较全面地反映区域多机场系统的效率情况。

③DEA 方法无须任何权重假设，每一组投入、产出指标的权重由决策单元的实际数据求解得出。因此，DEA 方法排除了很多主观因素，具有很

强的客观性。

④DEA 评价指标中可以接受那些较难定量化的指标（如旅客对于机场服务方面的评价等）。因此，DEA 方法在处理评价问题时，指标选择比一般常规的统计方法更有其优越性。

5.2.3.3　DEA 模型的选取

5.2.3.3.1　基本模型

选择合适的 DEA 模型是科学评价区域多机场系统的协同性的重要前提和基础。如前所述，尽管 DEA 在发展过程中，形成了针对不同问题的评价模型，但从大类别上来说，DEA 模型主要有以下两类：

一类是不变规模报酬的 DEA 模型（constant return to scale，CRS 模型），主要用于测算含规模效率的技术效率，或者称为综合技术效率（STE）。规模有效是指投入的规模既不偏小，也不偏大。"偏小"是指当投入成倍增大时，产出会高于投入同倍数的增长；"偏大"是指当投入成倍增大时，产出会低于投入同倍数的增长。也就是说，规模有效是处于规模收益不变的生产单元。假设有 n 个决策单元，每个决策单元有 m 种投入 $X = (x_1, x_2, \cdots, x_m)^T$，$k$ 种产出 $Y = (y_1, y_2, \cdots, y_k)^T$，此时基于输出的 DEA 模型为传统的 CCR 模型：

$$\max \alpha$$

$$s.t. \begin{cases} \displaystyle\sum_{j=1}^{n} X_j \lambda_j \leqslant X_0 \\ \displaystyle\sum_{j=1}^{n} Y_j \lambda_j + \alpha Y_0 \leqslant 0 \end{cases} \tag{5-1}$$

$$\lambda_j \geqslant 0, \ j = 1, 2, \cdots, n$$

另一类是可变规模报酬的 DEA 模型（variable return to scale，VRS 模型），可以排除规模效率的影响，测算纯技术效率（pure technical effiency，PTE）。技术有效性是指输出相对输入而言已达到"最大"，当有一种输出的情况，是指 m 种投入 $X = (x_1, x_2, \cdots, x_m)^T$，所能产出的最大值为 Y，也即生产函数 $Y = f(x_1, x_2, \cdots, x_m) = f(X)$。因此，某决策单元 (X_0, Y_0)

称为技术有效则是指它位于生产函数 $Y = f(X)$ 曲面上。假设共有 n 个决策生产单元，此时 DEA 模型即为 BCC 模型：

$$\max z$$

$$s.t. \begin{cases} \sum_{j=1}^{n} x_{ij}\lambda_j \leqslant x_{ij_0} \cdots (i = 1, \cdots, m) \\ \sum_{j=1}^{n} Y_{kj}\lambda_j \geqslant zY_{kj_0} \cdots (k = 1, \cdots, s) \\ \sum_{j=1}^{n} \lambda_j = 1 \end{cases} \quad (5-2)$$

$$\lambda_j \geqslant 0, \ j = 1, 2, \cdots, n$$

技术效率＝纯技术效率×规模效率，即 TE＝PTE×SE。利用 CCR 模型和 BCC 模型可以分别计算出决策单元的技术效率和纯技术效率，由此得出该决策单元的规模效率，并分析得出技术无效性是由于哪种因素引起及其影响程度。

以上两种基本模型都是导向和径向的度量。径向度量是指投入（或产出）按等比例缩减（或等比例放大）以达到有效。导向度量是指投入或产出导向，即假定产出不变（或投入不变）时投入最小（或产出最大）。

5.2.3.3.2 具有非增中间变量的松弛网络 DEA 模型

随着 DEA 理论的快速发展，基本模型中对于效率评价的偏差问题引起了越来越多的研究者的注意，特别是对于某些生产活动存在中间过程情形的衡量一直是该领域的热点问题之一。本书引入此类模型到多机场系统效率问题的评价研究中，做了进一步改进，即在 DEA 效率评价模型的基础上，从机场实际特点出发，将机场运营分为规划投入阶段和生产服务阶段，将机场效率分为生产效率和服务效率，将服务效率进一步分解为空侧效率和陆侧效率，将中间变量分为非增中间变量（单位收益下的成本）和自由中间变量两类，构造了具有非增中间变量的网络 DEA 模型。与传统基本模型相比，这种细分中间变量类别的改进模型能够更为准确、全面地评价决策单元实际效率。具体构建过程如下（Tone & Tsutsui, 2017;

徐爱庆等，2014）：

给定 n 个决策单元 $DMU_j(j = 1, 2, \cdots, n)$，每个决策单元由 K 个节点组成，m_k 和 r_k 分别对应节点 $k(k = 1, 2, \cdots, K)$ 的投入向量数和产出向量数，$x_j^k = (x_{1j}^k, x_{2j}^k, \cdots, x_{m_kj}^k)^T$ 表示第 j 个决策单元在节点 k 的投入向量，$y_j^k = (y_{1j}^k, y_{2j}^k, \cdots, y_{r_kj}^k)^T$ 表示第 j 个决策单元在节点 k 的产出向量，w^k 为节点 k 的权重。L 代表中间变量的集合，(k, h) 表示从节点 k 到节点 h，$t(k, h)$ 代表 (k, h) 的中间变量数，$z_j^{(k, h)} = [z_{1j}^{(k, h)}, z_{2j}^{(k, h)}, \cdots, z_{t(k, h)j}^{(k, h)}]^T(j = 1, \cdots, n)$ 表示第 j 个决策单元从节点 k 到节点 h 的中间变量，CRS 下生产可能集 $\{[x^k, y^k, z^{(k, h)}]\}$ 表示为：

$$\{x^k \geqslant \sum_{j=1}^n x_j^k \lambda_j^k \qquad y^k \leqslant \sum_{j=1}^n y_j^k \lambda_j^k$$

$$（作为 k 的产出）\quad z^{(k, h)} = \sum_{j=1}^n z_j^{(k, h)} \lambda_j^k$$

$$（作为 h 的投入）\quad z^{(k, h)} = \sum_{j=1}^n z_j^{(k, h)} \lambda_j^h\}$$

对于 VRS 情形，只要加入约束条件 $\sum_{j=1}^n \lambda_j^k = 1(\lambda_j^k \geqslant 0, k = 1, 2, \cdots, K)$ 即可。

决策单元 DMU_{j_o}（$j_o \in \{1, 2, \cdots, n\}$）对应 (X_0, Y_0)，$s_0^{k-} = (s_{10}^{k-}, s_{20}^{k-}, \cdots, s_{m_k0}^{k-})^T$ 表示决策单元 DMU_{j_o} 在节点 k 的投入松弛向量，$s_0^{k+} = (s_{10}^{k+}, s_{20}^{k+}, \cdots, s_{r_k0}^{k+})^T$ 表示节点 k 的产出松弛向量。相应的投入产出满足：

$$x_0^k = \sum_{j=1}^n \lambda_j^k x_j^k + s_0^{k-}$$

$$y_0^k = \sum_{j=1}^n \lambda_j^k y_j^k - s_0^{k+} \tag{5-3}$$

$$s_0^{k-} \geqslant 0, \ s_0^{k+} \geqslant 0 \quad k = 1, 2, \cdots, K$$

关于中间变量，$z_j^{b, (k, h)} = [z_{1j}^{b, (k, h)}, z_{2j}^{b, (k, h)}, \cdots, z_{t(k, h)j}^{b, (k, h)}]^T(j = 1, \cdots, n)$ 表示非增中间变量，$t_1(k, h)$ 为非增中间变量数；$z_j^{f, (k, h)} = [z_{1j}^{f, (k, h)}, z_{2j}^{f, (k, h)}, \cdots, z_{t(k, h)j}^{f, (k, h)}]^T(j = 1, \cdots, n)$ 表示自由中间变量，$t_2(k, h)$ 为自由中间变量数。具有非增中间变量的松弛网络 DEA 模型下的中间变量满足

以下等式：

$$z_0^{b,\,(k,\,h)} = \sum_{j=1}^{n} \lambda_j^k z_j^{b,\,(k,\,h)} + s_0^{b,\,(k,\,h)-} \tag{5-4}$$

$$z_0^{f,\,(k,\,h)} = \sum_{j=1}^{n} \lambda_j^k z_j^{f,\,(k,\,h)} + s_0^{f,\,(k,\,h)} \tag{5-5}$$

$$\sum_{j=1}^{n} \lambda_j^h z_j^{b,\,(k,\,h)} = \sum_{j=1}^{n} \lambda^k z_j^{b,\,(k,\,h)} \tag{5-6}$$

$$\sum_{j=1}^{n} \lambda_j^h z_j^{f,\,(k,\,h)} = \sum_{j=1}^{n} \lambda^h z_j^{f,\,(k,\,h)} \tag{5-7}$$

$$s_{t0}^{b,\,(k,\,h)-} \geqslant 0, \quad s_{i0}^{f,\,(k,\,h)} \text{ 无约束} \tag{5-8}$$

公式（5-4）中变量 $s_0^{b,\,(k,\,h)-} = [s_{10}^{b,\,(k,\,h)-}, s_{20}^{b,\,(k,\,h)-}, \cdots, s_{t_1(k,h)0}^{b,\,(k,\,h)-}]^T$ 表示 $(k,\,h)$ 的非增中间变量松弛向量。公式（5-5）中 $s_0^{f,\,(k,\,h)} = [s_{10}^{f,\,(k,\,h)}, s_{20}^{f,\,(k,\,h)}, \cdots, s_{t_2(k,h)0}^{f,\,(k,\,h)}]^T$ 表示 $(k,\,h)$ 的自由中间变量松弛向量。公式（5-6）和公式（5-7）分别表示中间变量满足前一节点的产出等于下一节点的投入。公式（5-8）中无约束变量也就是自由变量。

定义 5-1：称 ρ^* 为决策单元 DMU_{j_o} 的整体效率。当 $\rho^* = 1$ 时，称 DMU_{j_o} 整体有效，当 $\rho^* < 1$ 时，DMU_{j_o} 整体无效。

DMU_{j_o} 不同导向下的整体效率分别为：投入导向下 $\rho^* = \min \sum_{k=1}^{K} w^k (1 - \frac{1}{m_k} \sum_{i=1}^{m_k} \frac{s_{i0}^{k-}}{x_{i0}^k})$，产出导向下 $\rho^* = \min \dfrac{1}{\sum_{k=1}^{K} w^k (1 + \frac{1}{r_k} \sum_{r=1}^{r_k} \frac{s_{r0}^{k+}}{y_{r0}^k})}$，非导向下 $\rho^* =$

$$\min \frac{\sum_{k=1}^{K} w^k (1 - \frac{1}{m_k} \sum_{i=1}^{m_k} \frac{s_{i0}^{k-}}{x_{i0}^k})}{\sum_{k=1}^{K} w^k (1 + \frac{1}{r_k} \sum_{r=1}^{r_k} \frac{s_{r0}^{k+}}{y_{r0}^k})}$$。其中，$1 - \frac{1}{m_k} \sum_{i=1}^{m_k} \frac{s_{i0}^{k-}}{x_{i0}^k} = \frac{1}{m_k} \sum_{i=1}^{m_k} \frac{x_{i0}^k - s_{i0}^{k-}}{x_{i0}^k}$ 表示决策

单元在节点 k 投入的平均减少率，$1 + \frac{1}{r_k} \sum_{r=1}^{r_k} \frac{s_{r0}^{k+}}{y_{r0}^k} = \frac{1}{r_k} \sum_{r=1}^{r_k} \frac{y_{r0}^k + s_{r0}^{k+}}{y_{r0}^k}$ 表示节点 k 产出的平均增加率。

定义 5-2：设 s_{i0}^{k-*} 和 s_{r0}^{k+*} 分别为各自导向下决策单元 DMU_{j_o} 取最优效

率值时投入和产出松弛量，称 ρ_k 为节点 k 的效率。其中，投入导向下节点

k 的效率为 $\rho_k = 1 - \dfrac{1}{m_k} \sum\limits_{i=1}^{m_k} \dfrac{s_{i0}^{k-*}}{x_{i0}^k}$ ，产出导向下 $\rho_k = \dfrac{1}{1 + \dfrac{1}{r_k} \sum\limits_{r=1}^{r_k} \dfrac{s_{r0}^{k+*}}{y_{r0}^k}}$ ，非导向下

$\rho_k = \dfrac{1 - \dfrac{1}{m_k} \sum\limits_{i=1}^{m_k} \dfrac{s_{i0}^{k-*}}{x_{i0}^k}}{1 + \dfrac{1}{r_k} \sum\limits_{r=1}^{r_k} \dfrac{s_{r0}^{k+*}}{y_{r0}^k}}$ 。当 $\rho_k = 1$ 时，称 DMU_{j_o} 在节点 k 有效；当 $\rho_k < 1$ 时，

称 DMU_{j_o} 在节点 k 无效。

由以上定义可知，决策单元 DMU_{j_o} 整体有效的充要条件为所有节点均有效。与 CCR、BCC 和 SBM 等传统 DEA 模型一定存在有效决策单元不同，具有非增中间变量的松弛网络 DEA 模型存在所有决策单元均整体无效的情形。

5.2.3.4 协调度评价模型

协调度评价模型是科学度量复合系统发展状态的关键。近年来，很多学者对不同领域的系统协调性测度模型和方法进行了探索，国内学者马晓苗等对国内系统协调度测算方法的相关研究进行了比较全面的总结（马晓苗和刘云芬，2011）。既有研究中所使用的模型主要包括欧氏距离模型、离差最小化模型、隶属度函数模型、灰色系统模型以及用数据包络分析（DEA）等，尚没有一个具有较高认可度与应用性的测度方法。目前，相关成果多集中在协调度、协调发展度和耦合度三个方面，这些研究仅对协调性的某个方面进行了测度，如协调度的研究是以相互协调一致程度来表示，但忽视耦合度或者用耦合度来代替协调度，以之作为系统协调性的判断和评价具有较大的片面性。

根据协调性机理的解析，系统协调度是对系统子系统或因素的关联性、均衡性和目标一致性的测度，这三个层面相互关联，密不可分。关联性是系统间相互联系作用、相互依赖和影响的总强度的表现，可用耦合度来表示，耦合度越高，系统关联性越强。均衡性体现的不仅是分析系统各要素实际状态与理想最优状态的离差或距离，而且要考量远离系统最差状态的程度，用协调度来表示，协调度越高，各子系统与理想最优状态的均

衡度越高，但如果仅用这个指标来评价系统协调性，就可能出现子系统之间相对水平都较低，相互差异较小，而协调度较高的情形。目标一致性体现的是各子系统对总系统目标的贡献程度，可以用综合发展指数（或称为综合效益水平）来表示，综合发展指数越高，子系统与最优目标值越接近。综合以上分析，在结合既有研究成果基础上，根据协同学理论及多机场与经济复合系统特点，本书构建了一种新的复合系统协调度评价模型。模型构建过程如下（陈欣等，2014）：

5.2.3.4.1 子系统间有序度模型

设某复合系统 S 共有 l 个子系统，描述子系统发展状态或水平的序参量指标共有 k 个，x_{ij} 表示子系统 i 的第 j 个序参量，即 $x \in X = \{x_{ij}\}$（$i = 1$, $2, \cdots, l$; $j = 1$, $2, \cdots, k$）。

（1）序参量有序度。根据协同学的序参量原理和役使原理，以有序度作为序参量的状态函数，可以表征系统有序或混乱的度量。序参量有序度的计算一般采用功效函数综合评判法，常见的功效函数有线性功效函数法、指数型功效函数法、对数型功效函数法、幂函数型功效函数法等（彭非等，2007）。考虑到经济系统和多机场系统的特点，当某类指标值增加（或减少）到一定阶段后，并不再呈线性增加，如经济系统的出口比重、劳动生产率指标，多机场系统中的单跑道飞行架次及设施相对效率等指标，在子系统相对稳定之后其指标值的增长会比较缓慢（王俭等，2012）。因此，本书选用改进的指数型功效函数（彭非等，2007）。其计算公式为：

①对于正向序参量指标：

$$U_{ij} = A \times e^{(x_{ij}-x_\mu)/(x_h-x_\mu) \times B} \tag{5-9}$$

②对于负向序参量指标：

$$U_{ij} = A \times e^{(x_{ij}-x_\mu)/(x_l-x_\mu) \times B} \tag{5-10}$$

式中，U_{ij} 为子系统序参量 x_{ij} 的有序度，也称对子系统的功效度。x_l 为最小值，x_h 为最大值，x_μ 为指标平均值。A 和 B 为待定系数，可以通过临界点定分来确定：当 $x_{ij} = x_\mu$ 时，即达到平均值，$U_{ij} = A$，设此时 $U_{ij} = 40$，则 A = 40，当 x_{ij} 达到最大值 x_h 时，取 $U_{ij} = 100$，则 B = ln2.5，使得 $U_{ij} \in [0, 100]$。

（2）子系统有序度。子系统有序度是对序参量变量对子系统有序程度的"总贡献"衡量，可以通过线性加权法或几何平均法得出。考虑到经济子系统序参量指标间的相关性较强，多机场子系统序参量指标间的独立性较强的特点，分别选用加权几何平均法和线性加权法来确定，则：

$$U(S^E) = \left[\prod_{j=1}^{k} U_{ij} \right]^{\frac{1}{k}} \qquad (5-11)$$

$$U(S^A) = \sum_{j=1}^{k} w_{ij} \times U_{ij} \qquad (5-12)$$

式中，$U(S^E)$ 为序参量对经济子系统的有序度，$U(S^A)$ 为序参量对机场子系统的有序度，是所有指标的累计贡献度，取值在 0 到 100 之间。可以看出，U_{ij} 越大，该序参量对子系统的有序度越大，反之则越小。w_{ij} 是子系统 i 第 j 序参量的权重，$\sum_{j=1}^{k} w_{ij} = 1$，本书采用熵值赋权法确定评价指标权重值（郭琴等，2011）。熵值赋权法根据来源于客观环境的原始信息，通过分析各指标之间的关联程度及各指标所提供的信息量米决定指标的权重，在一定程度上避免了主观因素带来的偏差，计算步骤如下：

①计算子系统 i 的序参量指标在总样本 R 中的比重 p_{rj}：

$$p_{rj} = \frac{y_{rj}}{\sum_{r=1}^{m} y_{rj}} \qquad (5-13)$$

式中，y_{rj} 为第 r 个样本第 j 个序参量指标的取值。

②计算第 j 个序参量指标的熵值 h_{ij}：

$$h_{ij} = -\frac{1}{\ln m} \sum_{r=1}^{m} p_{rj} \cdot \ln p_{rj} \qquad (5-14)$$

计算第 j 个序参量指标的权重 w_{ij}：

$$w_{ij} = (1 - h_{ij}) / \sum_{j=1}^{k} (1 - h_{ij}) \qquad (5-15)$$

5.2.3.4.2 复合系统耦合度（Q）

（1）系统耦合度定义。耦合度的概念来源与物理学，用来表征电力变压器的两个线圈耦合的紧密程度。借助其本意的扩展，在本书的研究中，耦合度是指复合系统中各子系统以及各元素之间相互作用、相互依赖和影响的总强度，是子系统间关联程度的度量（刘耀彬等，2005）。

（2）系统耦合度的计算公式如下：

$$Q = \left[\frac{\prod\limits_{i=1}^{l} U_i}{\prod\limits_{i=1, 2, \cdots, l-1; j=i+1, i+2, \cdots, l} (U_i + U_j)} \right]^{1/l} \quad (5\text{-}16)$$

上式中分子是各子系统有序度的乘积，分母是各子系统总有序度之和的乘积，之后再开商的一次方，从而将各子系统融合在一起以了解复合系统的子系统间的耦合度。本书的研究中，复合系统包括多机场子系统和经济子系统，即 $l = 2$，则复合系统耦合度 Q 可以写成：

$$Q = \sqrt{\frac{U(S^E) \times U(S^A)}{U(S^E) + U(S^A)}} \quad (5\text{-}17)$$

5.2.3.4.3 复合系统协调度（C）

如上文所述，协调度是反映系统和谐一致的程度，既有测量模型中应用较多的是通过计算子系统间有序度离差最小或与理想状态离差最小为目标来得出复合系统协调度（汤铃等，2010；朱芸芸，2011），而缺乏对复合系统的整体正向和负向序参量指标距系统稳定理想状态接近程度的考量，这使得计算过程中功效函数、子系统有序度以及参数设置等因素对复合系统总体协调度都会产生影响，且忽略了分析系统当前状态与最劣状态的距离。TOPSIS（technique for order preference by similarity to an ideal solution）法于 1981 年被首次提出（Hwang & Yoon，1981），其基本原理是检测评价对象所有指标靠近理想最优解，远离理想最劣解的程度，若最靠近理想最优解的同时又最远离理想最劣解，则其系统协调度最好，否则为最差。因此，TOPSIS 法又称为优劣解距离法。可以看出，该方法是从系统距离最优和最差状态两个方面来测算系统整体协调度，比既有研究仅考察子系统与理想稳定状态距离的方法有较大改进（Hwang 等，1993；Hwang & Yoon，1981；Yoon，1987）。需要说明的是，所谓理想最优解，是一设想的最优的解（方案），它的各属性值都达到系统状态的最好值；而理想最劣解是一设想的最劣的解（方案），它的各属性值都是系统状态的最坏值。在本书的研究中，它们分别取各序参量指标的最大值和最小值。TOPSIS法的具体算法步骤参见既有文献（张效莉，2007）：

$$C = s^- / (s^- + s^+) \tag{5-18}$$

式中，s^-为各指标距理想最劣解的接近程度，s^+为各指标距理想最优解的接近程度，$C \in [0, 1]$，C越接近1，表明系统协调程度越高。

5.2.3.4.4 复合系统耦合协调发展度（Z）

耦合度Q和协调度C可以分别作为反映系统间关联和均衡程度的指数。由于这两个指标在计算过程中考察的重点是系统之间耦合性和相似性，而不能反映出复合系统整体功能或综合发展水平（效益）的大小。例如，若两个区域协调度C相当，且子系统与理想状态的接近程度一致，但可能两个区域综合水平不同，一个可能是都在高水平上的协调，另一个可能是都在低水平上的协调，并且有可能出现低水平系统比高水平系统耦合协调度更高的情况。这显然与事实不符，单纯依靠这两个指标有可能误导对系统的总体评价。综合考虑区域机场与经济复合系统的特点，结合复合系统协调性内涵分析，本书的研究构造了复合系统耦合协调发展度模型：

$$Z = \sqrt[3]{Q \times C \times D} \tag{5-19}$$

式中，Z为系统耦合协调发展度，D为综合发展水平指数（何宜庆和翁异静，2012）。计算公式为：

$$D = \lambda \cdot U(S^E) + \rho \cdot U(S^A) \tag{5-20}$$

式中，λ和ρ为待定系数，本书的研究中简化取值为0.5，根据前述子系统有序度计算可知$D \in [0, 100]$。该模型综合了系统间区域耦合度、协调度和综合发展指数，能够有效避免子系统发展水平低而耦合协调度高的异常情况，具有简单易用、综合性强的特点，可用于不同区域之间同一时期复合系统的横向比较，也可以用来分析同一区域不同时期复合系统的纵向发展趋势。

5.2.4 评价指标体系的构建

5.2.4.1 构建原则

建立科学、合理的指标评价体系是进行多机场系统协调度评价的基础

性工作和关键性步骤。评价指标体系的构建对于最终的评价结果有着决定
性的影响，评价指标选得过多过细，影响评价方法的有效性；评价指标选
得过少过粗，又不利于发现系统中问题所在，无法为管理者提供充分的决
策信息。为了保证评价结果的科学性和可靠性，在建立评价指标体系时，
我们应遵循以下原则：

5.2.4.1.1 科学性原则

在协调度评价中，科学性原则体现在对多机场系统协调度内涵认识的
正确性、评价指标体系设计的完备性、数学模型与方法的逻辑严密性以及
影响因素分析的准确性等方面。选择的评价指标必须符合多机场系统协同
性理论，包括协同性的内涵与影响因素，能够准确地反映多机场协调度的
实际情况，并且评价指标体系在名称、含义、内容、时空、计算范围、计
量单位和计算方法等方面必须科学明确，没有歧义。

5.2.4.1.2 可操作性原则

可操作性原则是指所设置的机场协调度评价指标应便于取得准确数
据。一是指标设置少而精，抓住集中反映机场协调度与成因的关键指标；
二是所选择的指标可以收集到真实数据；三是尽可能从国家或机场的统计
指标中进行选择，这些指标既有严格的定义和计算公式，又有规范的统计
途径，可以提高评价指标数据收集的准确性。

5.2.4.1.3 系统性原则

多机场系统的协同是机场内部各种因素与外部环境相互联系、交互作
用的综合结果。机场间协同性的强弱，既取决于机场内部各类组织的数
量、质量与协调程度，又受到外部宏观经济政策、民航产业等因素的制约
与影响。评价多机场系统协调度应当综合考虑机场资源、能力、管理与环
境等各种因素的影响，系统地设置评价指标。

5.2.4.1.4 定性与定量相结合原则

研究设置评价指标时，遵循定性与定量相结合的原则，应当以定量评
价指标为主，辅之以适当的定性分析指标。定量指标既要明确其计算方
法，也要明确其概念与含义；定性指标不仅要明确其含义，而且要明确赋

值的标准，能够恰如其分地反映指标要考察的内容。

5.2.4.1.5 可比性原则

可比性原则有两个含义：一是评价指标应该在不同的时间或空间范围上具有可比性；二是评价指标在口径、范围等方面应具有可比性。

5.2.4.2 评价指标体系

5.2.4.2.1 基于有效性分析的效率评价指标体系

本书结合机场生产数据，将机场运营分为规划投入阶段和生产服务阶段，并以单位收益下的成本为非增中间变量。这样做的好处包括两个方面：一方面可以得到规划投入阶段效率，评估各机场是否存在设施和资金浪费现象；另一方面作为生产服务阶段投入，可以清晰地了解相应成本下，各产出还能增加多少，以便有针对性地提高生产服务能力，保证机场运营有效。此外，由于单位收益下的成本不管作为前一阶段产出还是下一阶段投入，期望值都是越小越好，设其为非增中间变量也是合适的。其余指标包括反映机场基础设施服务水平和运输生产水平的指标，分布包括候机楼面积（万平方米）、货站面积（万平方米）、跑道长度（米）以及年客货吞吐量、飞行架次和不计补贴的收入等。具体效率评价指标如表 5-1 所示。

表 5-1 效率评价指标

子系统	变量类型	具体变量	单位	数据来源
区域多机场系统各子机场	投入变量	候机楼面积	万平方米	民航生产统计公报
		货站面积	万平方米	
		跑道长度	米	
	非增中间变量	单位收益下的成本	无	机场内部统计资料
	产出变量	年旅客吞吐量	万人	民航生产统计公报
		年货邮吞吐量	万吨	
		年飞机起降架次	万架次	
		不计补贴的收入	千万元	

5.2.4.2.2 区域多机场系统与经济系统协调度评价指标

本书的研究中选择描述多机场子系统的序参量指标包括单位吞吐量收入（元/吨）、单位吞吐量成本（元/吨）、单跑道飞行架次（架）以及设施相对效率指标，分别代表系统的成本、收入、投入和效率四个方面的特征。描述经济子系统的序参量指标包括（陈欣等，2014）城镇居民人均GDP（元/人）、城镇居民人均可支配收入（元/人）、第三产业占 GDP 比重（%）、出口总额占 GDP 比重（%）、全社会劳动生产率（GDP/从业人员总数），分别代表系统的经济实力、产业结构以及综合效益三个方面特征。可以看出，指标体系中全部是相对性指标，这有助于增强系统间的可比性，特别是在系统理想值选取时能够避免绝对指标（如机场吞吐量、区域 GDP 总量等指标）对系统自身能力的影响。需要说明的是，多机场子系统中设施相对效率指标采用上述有效性分析的模型求解后得出。区域多机场与经济系统序参量协调度评价指标如表 5-2 所示。

表 5-2　协调度评价指标

子系统	特征	序参量	参数类型	数据来源
经济子系统 S^E	经济实力	人均 GDP（x_{11}）	正向指标	经济统计年鉴
		城镇居民人均可支配收入（x_{12}）	正向指标	
	经济结构	第三产业占 GDP 比重（x_{13}）	正向指标	
		出口总额占 GDP 比重（x_{14}）	正向指标	
	综合效益	全社会劳动生产率（x_{15}）	正向指标	
多机场子系统 S^A	收入	单位吞吐量收入（x_{21}）	正向指标	机场内部统计资料
	成本	单位吞吐量成本（x_{22}）	负向指标	
	产出	单跑道飞行架次（x_{23}）	正向指标	
	效率	设施相对效率（x_{24}）	正向指标	效率评价分析结果

5.3 长三角多机场系统协调度评价研究

5.3.1 序参量指标的构建

长三角多机场系统与经济复合系统序参量评价指标体系如表 5-3 所示。

表 5-3 长三角多机场系统与经济复合系统序参量评价指标体系

子系统	特征	序参量	参数类型	权重
经济 子系统 S^E	经济实力	人均 GDP（x_{11}）	正向指标	0.217 1
		城镇居民人均可支配收入（x_{12}）	正向指标	0.162 6
	经济结构	第三产业占 GDP 比重（x_{13}）	正向指标	0.229 3
		出口总额占 GDP 比重（x_{14}）	正向指标	0.205 9
	综合效益	全社会劳动生产率（x_{15}）	正向指标	0.185 0
多机场 子系统 S^A	收入	单位吞吐量收入（x_{21}）	正向指标	0.262 9
	成本	单位吞吐量成本（x_{22}）	负向指标	0.066 4
	产出	单跑道飞行架次（x_{23}）	正向指标	0.447 2
	效率	设施相对效率（x_{24}）	正向指标	0.223 5

5.3.2 数据来源和标准化处理

本书所用经济子系统的相关数据来源于《江苏省统计年鉴》（2011）、《浙江省统计年鉴》（2011）、《上海市统计年鉴》（2011），多机场子系统数据来源于《从统计看民航》（2011）以及各机场年报统计资料。为消除量纲因素影响，本书对收集数据进行标准化处理，处理后的原始数据长三角多机场系统与经济复合系统序考量评价指标标准化值如表 5-4 所示。

表5-4 长三角多机场系统与经济复合系统序参量评价指标标准化值（2010）

长三角多机场系统	经济子系统指标					机场子系统指标			
	x_{11}	x_{12}	x_{13}	x_{14}	x_{15}	x_{21}	x_{22}	x_{23}	x_{24}
上海机场	0.753 1	0.825 9	1.000 0	0.976 2	1.000 0	0.994 3	0.919 6	0.752 4	0.711 8
南京机场	0.587 4	0.596 7	0.743 0	0.400 7	0.615 8	0.545 8	0.966 1	0.792 7	0.338 0
无锡机场	1.000 0	0.615 5	0.301 7	0.543 6	0.950 3	0.116 6	0.925 0	0.146 9	0.237 3
常州机场	0.618 9	0.519 0	0.233 8	0.427 0	0.463 6	0.000 0	0.873 2	0.042 6	0.223 9
徐州机场	0.108 9	0.050 0	0.151 4	0.000 0	0.144 2	0.349 7	0.853 7	0.057 7	0.088 3
连云港机场	0.000 0	0.000 0	0.117 4	0.130 1	0.000 0	0.054 5	0.743 2	0.033 6	0.075 6
南通机场	0.323 7	0.310 6	0.030 2	0.321 1	0.298 9	1.000 0	0.624 5	0.190 8	1.000 0
盐城机场	0.071 4	0.058 9	0.020 5	0.010 1	0.233 1	0.059 4	0.382 2	0.010 3	0.136 1
淮安机场	0.028 8	0.009 9	0.132 0	0.018 6	0.025 5	0.837 5	0.233 8	0.000 0	0.000 0
杭州机场	0.916 0	0.687 0	0.587 4	0.511 1	0.470 7	0.839 0	1.000 0	1.000 0	0.340 8
温州机场	0.159 1	0.589 8	0.377 9	0.413 0	0.108 9	0.185 4	0.986 5	0.338 4	0.364 7
宁波机场	0.969 4	0.730 2	0.173 4	0.929 0	0.584 1	0.162 9	0.967 8	0.265 6	0.237 9
义乌机场	0.867 6	1.000 0	0.818 4	0.377 2	0.209 5	0.286 3	0.956 0	0.037 7	0.097 4
台州机场	0.226 9	0.587 9	0.248 1	0.492 3	0.224 9	0.196 4	0.939 3	0.039 1	0.313 3
舟山机场	0.607 5	0.537 9	0.401 3	1.000 0	0.485 0	0.282 6	0.673 9	0.048 0	0.078 9
衢州机场	0.753 1	0.825 9	1.000 0	0.976 2	1.000 0	0.009 0	0.000 0	0.007 5	0.075 1

5.3.3 指标权重确定及子系统有序度的计算

根据熵值赋权法计算得出各序参量指标的权重如表5-3所示。在此基础上，本书计算得出长三角多机场子系统和经济子系统的有序度，计算结果如表5-5所示。

5.3.4 系统耦合协调发展度评价结果与分析

利用公式，本书分别计算得出子系统间耦合度（Q）、协调度（C）、综合发展水平指数（D）和复合系统的耦合协调发展度（Z），计算结果（长三角多机场系统与经济复合系统耦合协调发展度）如表5-5所示。

表5-5　长三角多机场系统与经济复合系统耦合协调发展度

长三角多机场系统	$U(S^E)$	$U(S^A)$	Q	C	D	Z	综合排名
上海机场	84.577 8	75.140 6	6.307 9	0.787 4	79.859 2	1.000 0	1
南京机场	49.156 9	57.656 5	5.151 1	0.663 9	53.406 72	0.772 2	3
无锡机场	58.956 3	30.832 2	4.499 4	0.308 5	44.894 26	0.539 6	6
常州机场	39.852 7	27.738 1	4.044 1	0.198 8	33.795 4	0.409 1	10
徐州机场	21.122 3	30.661 6	3.536 5	0.125 3	25.891 95	0.307 0	13
连云港机场	19.684 4	26.660 3	3.365 1	0.062 3	23.172 33	0.230 4	16
南通机场	28.476 7	65.875 3	4.458 9	0.398 5	47.175 98	0.595 6	4
盐城机场	20.748 0	26.870 0	3.421 7	0.069 1	23.808 98	0.242 1	14
淮安机场	19.463 9	39.898 2	3.616 9	0.204 7	29.681 04	0.381 2	12
杭州机场	54.275 6	75.814 9	5.624 1	0.745 8	65.045 26	0.882 7	2
温州机场	32.071 3	37.223 7	4.150 7	0.330 4	34.647 48	0.493 0	8
宁波机场	59.405 3	33.781 7	4.640 6	0.351 6	46.593 5	0.576 6	5
义乌机场	56.453 4	29.515 8	4.402 5	0.286 8	42.984 59	0.515 3	7
台州机场	33.692 3	30.641 4	4.005 9	0.190 1	32.166 85	0.395 3	11
舟山机场	51.451 3	29.476 1	4.329 0	0.262 2	40.463 73	0.487 4	9
衢州机场	22.435 9	25.827 4	3.465 0	0.061 0	24.131 63	0.234 3	15

注：Z 值是将 Q、C 和 D 数据标准化之后的计算结果。

　　由表5-5可知，上海机场的耦合协调发展度最高，其次为杭州机场和南京机场，机场子系统与经济子系统间的耦合协调发展度相对较优，盐城机场、衢州机场和连云港机场处于排名的最后三位，复合系统耦合协调发展度相对最差。同时，长三角多机场系统与区域经济系统之间的耦合度、协调度以及综合发展指数呈现出相似的波动趋势，说明系统的耦合协调发展度与子系统间的耦合度、协调度以及综合发展指数存在极强的关联性（见图5-2）。

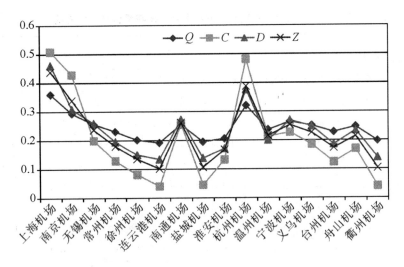

图5-2 耦合协调发展度与子系统间的耦合度、协调度以及综合发展指数统计图

　　为更好地对评价结果进行分析，本书利用 SPSS 软件对数据进行了聚类分析。既有研究中一般将复合系统协调发展度或耦合度等级分为协调、基本协调和不协调，部分研究又在此基础上进行了分类标准的细化（刘志迎和谭敏，2012）。这种分类标准中对于不同等级的设定阈值上缺乏统一标准，多数依靠经验判断值。更为重要的是，协调度是描述系统发展状态的度量参数，本质上是个相对概念，难以定义系统是否绝对协调或不协调。聚类分析可以在没有先验知识的情况下按照系统性质间的亲疏程度进行自动分类，得出的相同类别内部个体特征之间具有相似性，不同类别间个体特征差异性较大，其在经济学和医学等领域有广泛的应用（李萍，2006）。分析结果如图5-3所示。

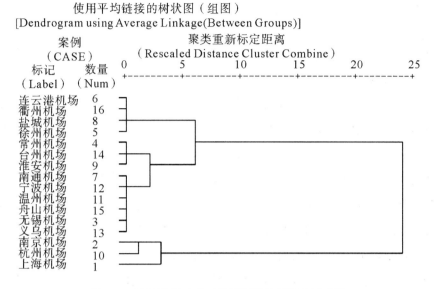

图5-3 耦合协调度关系类型聚类分析结果谱系图

由图5-3可以看出：

（1）长三角区域多机场与经济复合系统关系类型大致可以分为四类：第一类为耦合协调发展相对最优类（$Z=1.0$），仅有上海机场，属于国家级门户枢纽机场；第二类为耦合协调发展相对较优类（$0.7 \leqslant Z < 1.0$），包括南京机场和杭州机场，属于区域大型枢纽机场；第三类为耦合协调发展较高类（$0.4 \leqslant Z < 0.7$），包括南通机场、宁波机场、温州机场、舟山机场、无锡机场、义乌机场、常州机场、台州机场和淮安机场，共9个机场，属于区域中型机场；第四类为耦合协调发展较低类（$0 < Z < 0.4$），包括连云港机场、衢州机场、盐城机场、徐州机场，共4个机场，属于区域小型机场。

（2）综合四种分类，耦合协调度发展较高以上的机场共有12个。

（3）根据分类情况，结合机场系统类别、经济发展水平特点，可以得出机场规模等级越高，其与经济的耦合协调发展度越好。同时，经济发展水平较好的地区，机场与经济的耦合协调发展度（Z）越高；反之，Z值越低，经济发展水平也越低。Z值的发展变化同经济发展水平关系较大。

5.3.5 结论与讨论

本书在对协调度发展机理的解析基础上，从系统耦合度、协调度和综合发展指数三个方面入手，构建了长三角多机场与经济复合系统的耦合协调发展度评价模型。从实例分析结果来看，该模型可以更全面地反映系统发展状态，从多角度分析机场与经济耦合协调发展的特点。长三角多机场系统与区域经济系统之间的耦合度、协调度以及综合发展指数呈现出相似的波动趋势。聚类分析表明长三角区域多机场与经济复合系统大致可以分为四类：耦合协调发展相对最优类、耦合协调发展相对较优类、耦合协调发展相对较高类以及耦合协调发展相对较低类，其中耦合协调度发展相对较高以上的机场（12 个）占长三角区域机场总量（16 个）的 75%，大部分机场与经济发展处于耦合协调发展状态，机场和经济发展处于合理规模。但仍然存在 1/4 的机场与经济发展耦合协调度较低，这些机场主要是区域小型机场，其单跑道飞行架次、单位吞吐量收入等机场系统指标及反映经济实力的城镇居民可支配收入等指标都较低。综合分析，长三角多机场子系统与经济子系统的耦合协调发展度存在着明显的等级差别，大型综合枢纽机场普遍高于中小型机场系统，经济发展水平的高低是影响区域耦合协调发展程度的重要因素。要改变目前中小型机场与经济子系统耦合协调发展程度较低的现状，重点任务是采取有效措施大力提高地方经济发展水平，扩大地方航空运输市场需求，而不是单纯地增加机场的设施供给能力，以有助于实现机场与区域经济良性、可持续的耦合协调发展。

需要说明的是，本书用 2010 年长三角区域 16 个机场与经济发展的数据进行了复合系统协调性评价，验证了模型的可靠性和适应性，对此类系统的分析和评价具有一定的借鉴价值，但由于协调性本身是个相对概念，对动态协调发展的分析还不足，另外对于促进多机场系统与经济系统耦合协调发展的对策还需要进一步完善细化，关于这方面的研究可以参考徐爱庆的博士论文第三章的相关内容（徐爱庆，2018）。

5.4 本章小结

首先，本章分析多机场系统协调度内涵，剖析了协调与协同相互关系以及多机场系统协同发展的必要性。其次，本章介绍了多机场系统协调度评价模型，构建了评价指标体系。最后，本章运用构建的指标体系和评价模型对长三角多机场系统进行了应用分析。

本章参考文献

［1］BANKER R D, CHARNES A, COOPER W W. Some models for estimating technical and scale inefficiencies in data envelopment analysis ［J］. Management science, 1984, 30 (9)：1078-1092.

［2］CHARNES A, COOPER W W, RHODES E. Measuring the efficiency of decision making units ［J］. European journal of operational research, 1978, 2 (6)：429-444.

［3］FARRELL M J. The measurement of productive efficiency ［J］. Journal of the royal statistical society, 1957, 120 (3)：253-290.

［4］HWANG C L, LAI Y J, LIU T Y. A new approach for multiple objective decision making ［J］. Computers & operations research, 1993, 20 (8)：889-899.

［5］HWANG C L, YOON K. Multiple attribute decision making：Methods and applications a state-of-the-art survey ［M］. Berlin Heidelberg：Springer-verlag, 1981.

［6］KAO C. Network data envelopment analysis：A review ［J］. European journal of operational research, 2014, 239 (1)：1-16.

［7］MARDANI A, ZAVADSKAS E K, STREIMIKIENE D, et al. A comprehensive review of data envelopment analysis (DEA) approach in energy efficiency ［J］. Renewable and sustainable energy reviews, 2017, 70：1298-1322.

［8］ TONE K，TSUTSUI M. The network dea model，in：Advances in DEA theory and applications ［M］. NewYork：John Wiley & Sons，Ltd，2017.

［9］ YOON K. A reconciliation among discrete compromise solutions ［J］. The journal of the operational research society，1987，38（3）：277-286.

［10］徐爱庆. 区域多机场系统营运及评价［D］. 南京：南京航空航天大学，2018.

［11］徐爱庆，陈欣，朱金福. 基于网络 DEA 改进模型的长三角机场效率研究［J］. 交通运输系统工程与信息，2014（1）：88-94.

［12］沈鹏，杨浩. 复合系统理论在交通运输系统协调性研究中的应用［J］. 铁道运输与经济，2007（7）：4-6.

［13］翁亮. 区域多机场复合系统协调发展研究［D］. 天津：中国民航大学，2008.

［14］陈欣，王海燕，李军会. 长三角区域多机场复合系统耦合协调发展度评价研究［J］. 交通运输系统工程与信息，2014（3）：214-220.

［15］马晓苗，刘云芬. 对协调的扩展性定义及系统协调性测度体系构建［J］. 科技管理研究，2011（23）：192-197.

［16］郭琴，刘海静，张秋生，等. 基于复合信息熵权的多式联运型物流网络协同度模型研究［J］. 物流技术，2011（1）：35-38.

［17］何宜庆，翁异静. 鄱阳湖地区城市资源环境与经济协调发展评价［J］. 资源科学，2012（3）：502-509.

［18］李萍. 高等教育与区域经济互动发展研究［D］. 西安：西北大学，2006.

［19］刘耀彬，李仁东，宋学锋. 中国区域城市化与生态环境耦合的关联分析［J］. 地理学报，2005（2）：237-247.

［20］刘志迎，谭敏. 纵向视角下中国技术转移系统演变的协同度研究：基于复合系统协同度模型的测度［J］. 科学学研究，2012（4）：534-542.

［21］彭非，袁卫，惠争勤. 对综合评价方法中指数功效函数的一种改进探讨［J］. 统计研究，2007（12）：29-34.

［22］汤铃，李建平，余乐安，等. 基于距离协调度模型的系统协调发展定量评价方法［J］. 系统工程理论与实践，2010，30（4）：594-602.

［23］王俭，韩婧男，胡成，等. 城市复合生态系统共生模型及应用研究［J］. 中国人口·资源与环境，2012，22（S2）：291-296.

［24］张效莉. 人口、经济发展与生态环境系统协调性测度及应用研究［D］. 成都：西南交通大学，2007.

［25］朱芸芸. 我国区域经济社会发展协调度评价及对策研究［D］. 杭州：浙江大学，2011.

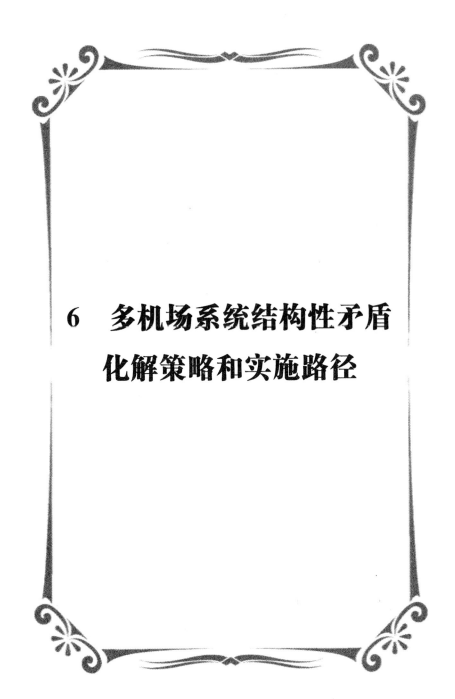

6 多机场系统结构性矛盾化解策略和实施路径

多机场系统结构性矛盾化解策略的最终落脚点是制定科学的协调组织策略。同时，多机场系统的耗散结构特性也要求系统有良好的外部环境，以不断获取系统负熵流，从而在总体上减少系统总熵值，推进系统向有序度更高的状态发展。

6.1　多机场系统结构性矛盾化解策略

6.1.1　基于管理体制的策略

2002 年，国家对机场进行了属地化管理改革。在机场管理权下放之后，各级政府均比较重视地方机场的发展，纷纷加大了航空运输的投入，包括机场改（扩）建、航线开辟、运力引进等举措。尽管这在一定程度上促进了航空运输的快速发展，但在城市群发展到一定阶段之后，这种机场隶属不一、管理模式各异的发展模式实际上导致了区域内各机场协调起来十分困难，不同的机场有各自的发展战略和定位，供需结构性矛盾突出，严重影响了机场系统作为一个有效整体的协调和规划。

从国外较好的多机场系统发展模式以及国内多机场系统的现实特征来看（乔颖丽和葛春景，2020；陈兆鹏，2012），建立基于区域层面协调管理的体制和机制对于合理引导与促进区域多机场系统的健康科学发展具有十分重要的意义。实际上，国家和地方民航管理部门已经意识到对城市群航空运输资源进行统筹协调的重要性，目前已经开展了部分推动工作，进行了有益尝试。例如，对长三角多机场系统来说，2018 年 1 月，中国民用航空局（简称民航局）与上海市、江苏省、浙江省、安徽省共同签署了《关于共同推进长三角地区民航协同发展 努力打造长三角世界级机场群合作协议》（简称《协议》），明确了各自对地区民航发展的责任和义务，在建设资金和扶持政策上予以支持，为进一步推动本地区民航的发展提供了良好的政策环境。《协议》对于加快推进长三角城市群的民航协同发展，建设与世界级城市群相适应的世界级多机场系统，提高城镇化质量和加快形成国际竞争新优势具有重要意义。此外，中国民用航空华东地区管理局也与长三角城市群内相关地（市）主管部门纷纷建立了沟通与交流机制，共同开展发展战略和专业规划研究，制定了民航发展的阶段目标和要求。为推动京津冀多机场系统的协调发展，2017 年 11 月，国家发展改革委和民航局印发《推进京津冀民航协同发展实施意见》（简称《实施意见》）。《实施意见》明确指出，2020 年，首都机场国际旅客占比提高 2~3 个百分点，北京"双枢纽"机场与天津机场、石家庄机场实现与轨道交通等有效衔接；2030 年，基本实现京津冀地区主要机场与轨道交通等有效衔接，打造形成世界级机场群。

然而，这些措施还基本停留在一些机制方面的协调，从中长期看来，考虑到区域多机场系统腹地范围交叉重叠程度的日益增大，从城市群层面建立具有足够管辖权和跨边界协调能力的组织或机构显得更为迫切，需要在这些灵活机制的基础上进一步深化协调组织管理的形式和内容。这样的管理机构或组织应起到以下几种作用：

（1）对系统内各机场的发展战略和发展目标实施灵活的指导，根据不同时期国家关于航空运输发展的政策环境、子机场实际条件以及航空公司的发展战略对区域多机场系统的发展战略进行动态调整。

（2）能够积极运用政策、价格、收费等各方面措施对多机场系统内各机场间的航空客货流量实施动态分配和调节，在满足区域航空需求的前提下，推动客货流从容量饱和、服务质量下降的主要机场向其他利用情况相对不足的二级机场分流，保证系统内各机场资源得到最大程度的利用。

（3）能够在与区域层面其他交通方式的竞合过程中具有足够话语权，为系统发展争取到单个机场所难以实现的"联盟"效应。例如，在与高铁竞争、与城市交通衔接、与航空公司航线开辟以及行业发展政策制定等方面具有更多的主动权和话语权。

综上所述，在管理体制上，本书建议相关部门成立以多机场系统为决策单元的区域航空运输协调发展委员会（或决策机构），下设区域多机场系统集团来组合运营整个城市群的航空运输系统资源。该委员会统一协调指导，以统筹协作区域航空运输资源为主题，以合理竞争、有序合作为导向，突破行政区划限制，在协调机制、发展定位、基础设施规划、航线布局以及配套保障等政策和措施方面将区域多机场系统发展的视野放在更高层面、更大范围来考量，以更好地满足城市群的航空市场需求，提升区域航空运输系统的整体竞争力，实现多机场系统的协同共赢。

6.1.2 基于航线网络结构的策略

如前所述，区域多机场系统结构性矛盾的最终目标是实现系统的协调有序发展。从既有的大部分研究来看，目前区域多机场系统中各成员机场之间分工不明、各自为政、为争夺有限的客货源而展开激烈的无序竞争，进一步引致和加剧了多机场系统的结构性矛盾。事实上，多机场系统的各子机场的功能定位并不是完全取决于子机场本身，更重要的是其航线网络的结构形态，而这基本上属于航空公司和市场行为。换句话说，子机场的功能定位应体现在其市场特点和航线网络结构上。因此，对于区域多机场系统来说，与其说是各机场的功能定位不清晰，不如说是系统内各机场的航线网络同构性比较严重。以长三角多机场系统为例，航空市场一体化程度较高，系统内子机场之间的航线网络同构性较大，这也正是导致机场间无序竞争和结构性矛盾的根本原因（蒋永雷等，2013；陈欣等，2020）。这种无序竞争也将机场和航空公司本来一致的利益取向推向了相互对立的局面。由于缺乏统筹协调管理和规划，对系统内的中小机场来说，其在航线开辟时的话语权较弱，自身发展只能靠不断补贴航空公司来吸引运力，往往易形成恶性循环，补贴期一旦结束，这些小机场的航线也随之停开；而对于大型枢纽机场来说，其航空市场需求较为充足，但机场的航空资源供给有限，容量趋于饱和，特别是航空时刻资源已成为紧缺资源，航空公司为争夺市场则又进行了"价格战"，其利润也受到挤压。因此，建立布局结构合理的航线网络形态对实现区域多机场系统协调可持续发展和化解多机场系统结构性矛盾具有重要价值。

机场航线网络结构和规模与机场所在区位经济水平及其所能辐射的腹地范围具有紧密的关联关系。从区域多机场系统来看，系统内的核心城市一般具有龙头地位,其机场往往是大型枢纽机场,辐射服务的范围可以覆盖到城市群全域,而其他中小型机场等则基本以机场所在地城市为服务范围。为更有针对性地提出区域多机场系统内航线网络结构协调发展策略,本书结合世界主要多机场系统内基于航线网站结构的分工定位(见表6-1)(乔颖丽和葛春景,2020;张越和胡华清,2007;曹允春和程彦,2010),可以将区域多机场系统按照时空距离分成三类,即城市群层面(metropolitan)多机场系统、区域层面(regional)多机场系统、地方层面(local)多机场系统,分别提出相应的航线网络发展建议:

第一类多机场系统的服务辐射范围为2小时地面交通圈,包括本地核心市场、区域直接腹地以及全域航空市场。其航线网络属于综合型,并偏重于国际航线,其竞争的对象和层面应放到国家级和世界级。

第二类多机场系统的辐射服务范围为1.5小时地面交通圈,主要包括本地核心市场以及区域腹地。其航线网络应与区域经济结构和产业特点相吻合,偏重于国内航线布局,辅助区域联系紧密的国际部分,其竞争的对象属于系统内同一级别的航空枢纽。

第三类多机场系统的辐射服务范围为1小时地面交通圈,以本地区或机场周边1小时腹地范围航空市场为主。其航线网络的设置以满足本地市场经济发展需求和均等化航空需求为主,偏重于第一类多机场系统和第二类多机场系统的溢出市场,重点在于做好本地的特色航空市场(如旅客航线、包机航线等),在航线发展上可以采取一定的政策引导措施,如针对性的补贴或出台鼓励政策。

以上三种航线设置模式也是区域多机场系统内各机场功能定位的参考依据,未来航线结构确定之后,其对应的子机场系统的功能定位也可以随之确定。需要指出的是,这些航线设置建议并不是固定的,应坚持市场竞争与政府调节相结合的应用方式,根据航空市场和地方经济发展需要进行动态调整,这可以在上述管理体制策略中提出的区域航空运输协调发展委员会的统一指导下来完成。以长三角多机场系统为例,其可以从细分城市群航空市场的思路出发,充分利用本机场周边的地理经济优势,根据发展需要，建立梯度差异性收费体系，运用市场和价格等手段优化调整区域多机场系统的航线结构，制定出目标明确、重点突出的发展战略。例如，南京机场可以抓住长三角区域内制造业重心逐渐西移的机遇，利用国家鼓励外资进入中西部民航建设的政策，通过与未来潜在的新基地航空公司合作，力争建设成华东区域枢纽机场和对接长三角与中西部区域的桥梁。杭州机场可以充分挖掘其一年四季比较充沛的旅游运量，抓住杭州湾地区外向型经济和小商品制造业极端发达的特征，建设成为大型枢纽机场和立足长三角区域的门户机场等。

表 6-1　世界主要多机场系统内基于航线网络结构的分工定位

分类依据	所在城市	机场	功能定位
国际航线不同通航地区航线距离	伦敦	希斯罗机场	主营除北美和加勒比地区之外的国际航线
		盖特维克机场	主营北美和加勒比地区的国际航线
航线距离	华盛顿	华盛顿国家机场	运营航线距离在 1 930 千米之内
		杜勒斯机场	运营航线距离超过 1 930 千米
国内与国际	巴黎	戴高乐机场	主营国内航线
		奥利机场	主营国内航线及非洲、加勒比地区和假日旅游航线
	上海	浦东国际机场	主要国际航班、部分国内航班，货运枢纽
		虹桥国际机场	主要国内航班、部分国际航班
	东京	成田机场	主要国际航班及部分配套国内航班
		羽田机场	以国内航班为主，兼营部分国际航班
	首尔	仁川机场	以国际航班为主兼营国内航班
		金浦机场	以国内航班为主兼营国际航班
航空公司	纽约	肯尼迪机场	主要供达美、美利坚航空公司使用
		纽瓦克机场	主要供大陆航空公司使用

表6-1(续)

分类依据	所在城市	机场	功能定位
客货业务类别	多伦多	皮尔森国际机场	主营航空旅客运输业务
		汉密尔顿机场	主营航空货运或航空快递业务
	蒙特利尔	多尔瓦机场	航空客运枢纽机场
		米拉贝尔机场	主营航空货运和旅游包机业务

6.1.3 基于空域资源的策略

对于空域资源来说，区域多机场系统的终端区由于纳入了两个以上的机场，还需考虑机场间的容量约束、空域相互影响以及多机场终端区与周围空域耦合的问题，因此更加复杂。在多机场系统的终端区空域内，系统内的核心机场和二线机场的起降航路交叉重合，飞行量较为密集，受机场分布、周围环境、资源约束等条件的相互制约作用明显，区域内各机场之间空域相互影响，飞行冲突问题突出，严重影响各机场相对空域的使用率（黑妍茹和胡明华，2011）。因此，多机场系统的结构性矛盾的解决也需要考虑空域资源的协调发展。

对于区域多机场系统来说，在机场体系初具规模和布局稳定的情况下，当前分散空域难以满足实际空中交通管理的需要，应从区域整体性特征出发，兼顾空中交通流量控制基本原则，对既有空域结构与配置进行协调调度和管理，充分利用既有空域资源，在多机场系统一体化发展条件下，进行统筹整合和优化系统内的部分分散空域，最大限度挖掘空域容量，以满足区域多机场系统对空域资源的需求。例如，美国设立了很多以区域多机场系统为单元的统一的空管中心，目的是提高区域内空域资源的利用效率。2003年，在华盛顿多机场系统范围内，由于杜勒斯机场和巴尔的摩机场产生大量相互作用的空中交通流量，造成终端区空域运行效率低下，华盛顿地区的空管部门将华盛顿国家机场、华盛顿杜勒斯机场、巴尔的摩机场和安德鲁斯空军机场的4个空管合并成了托马克空管中心，对空域资源进行统一管理，并逐步采用新的空管技术，提高空域资源利用率

（Barnhart 等，2012；陈兆鹏，2012）。

空域资源角度的发展策略和建议如下：

（1）区域多机场系统的空域划定应从多机场系统的机场布局出发，体现区域整体性特征，结合系统内部的航线航班配置进行飞行流量管理，统筹兼顾区域及系统内部各子机场间在规模和结构上的需求差异。

（2）区域多机场系统应以全面协调匹配模式为导向，通过分析和评估空域容量总体状态，以对多机场系统的空域结构进行优化设计，动态调整区域航路航线结构，提升区域内各机场空域使用率。

（3）区域多机场系统应兼顾系统内的主要机场和二级机场的空域资源的有效配置，注重与军用机场的有效衔接，统筹利用好分散空域资源，强调系统内部紧密协作和良性竞争相结合。同时，区域多机场系统应与区域外其他相邻空域保持流畅有效衔接，保证航空客货进出多机场系统的快速流动，提升多机场系统空域的整体容量，以满足区域整体空中交通需求。

（4）区域多机场系统应推进区域多机场系统终端区航路、航线以及扇区结构调整。在现有空域结构基础上，区域多机场系统应坚持将多机场系统的空域容量需求和供给在结构上相匹配的原则，进一步加快区域多机场系统下的航路优化和航线交叉点设置技术研究，探索按不同功能进行的终端空域扇区划分技术，优化管制扇区构型。区域多机场系统应协调推进扇区进离场航线分离，使同一扇区执行相同的进场管制或离场管制策略。区域多机场系统应采用优化尾流间隔（Holzapfel，2017；Holzapfel 等，2020，2019；Toratani & Itoh，2018）、机场协同决策（airport-collaborative decision-making，A-CDM）（Corrigan 等，2015；De Almeida 等，2016；De Arruda Junior 等，2015）等先进技术和手段，提升跑道容量和运行效率，增强空域灵活使用度，推进以机场为中心的机场、空管以及航空公司之间的协调运行合作，最大限度降低区域内的可变负荷和航班延误的产生。

6.1.4　基于综合交通运输体系的策略

对区域多机场系统来说，其结构性矛盾的化解策略还应包括在对内层面上与城市群内部综合交通的有机衔接，在对外层面上与其他交通方式（高铁）的协调和合作。多机场系统内各子机场应该从注重综合交通运输体系角度出发，区域多机场系统应充分发挥航空运输优势，在有效行程范围内不断扩大市场份额。

在与城际交通衔接过程中，区域多机场系统应充分借鉴欧洲已有机场与高速铁路展开合作的成功经验，探索和实践在区域多机场系统内推动"空铁联运"服务，并注重优化航班时刻与高铁网络的无缝衔接，构建民航与高铁联程票销售模式，推广普及电子客票、联网售票，提升智能化管理水平，以减少中转衔接时间，有效推进多式联运。与此同时，区域多机场系统也需要加强旅客在多机场系统内出行选择的交通便捷度，提升多机场系统内各机场的合理分工的自由度，减少由于子机场间的地理区位引致的差异化影响（张越和胡华清，2007），特别是增强对多机场系统内的中转需求的支持，推进系统内主要机场溢出的航空业务向系统内二级机场的有效衔接和转移，以合理调整航空客货流分配，缓解系统内枢纽机场供给能力紧张和中小机场利用率不足的结构性矛盾。

在与城市交通衔接的过程中，区域多机场系统应注重建设高效通畅的集疏运体系，加强运输组织管理，增强公共交通服务。大型枢纽机场应注重大流量、方便、快捷的快速轨道交通的无缝接入，特别是与主城区的衔接，通过合理设置客运专线市区停靠点、增加发车频率、减少到达机场行程时间，进一步扩展机场服务腹地的运输线路，加强运输组织管理，确保在"门到门"的出行全过程中服务的连贯性和有效性，从而改善民航的可达性、衔接性、综合性，提升机场作为城市综合交通枢纽的运输效率，充分实现机场与体系内各种交通方式目标同向、措施一体、优势互补、合作共赢的协同效应，使民航能够在综合交通网络中提供更加方便、快捷、安全、舒适的完整运输产品，打造民航在多式联运中的主导地位。

6.1.5 基于经济一体化的策略

从经济一体化角度来说，区域多机场系统结构性矛盾的解决也需要与城市群区域经济发展相适应。多机场系统发展可以为城市群区域经济一体化提供支撑；反过来，区域经济一体化水平的提升也将进一步促进区域多机场系统的健康快速发展。区域多机场系统的协调发展也应注重与城市群区域经济结构、产业转移和升级等需求相结合，避免一味地扩大基础设施规模，造成重复投资和建设以及机场保障能力过度超前。

区域多机场系统应优化完善航空运输服务功能，从城市群发展的总体规划目标出发，不断提高多机场系统的航空客货运需求服务效率，在保障能力、服务水平、管理体制等方面为城市群区域经济整体竞争力的发挥提供有力保障。

区域多机场系统应深化区域多机场系统对区域经济发展的支持性，合理规划和引导以机场为核心的空港经济和航空产业布局，增强航空运输业的间接效应和诱发效应。区域多机场系统应因地制宜地采取有效措施，促进多机场系统和城市群区域航空产业联动发展，将空港经济与地方转变发展方式和产业转型升级紧密联系起来，加快形成航空配套产业、临空指向型制造业和现代航空业的产业集群。

区域多机场系统应加强区域多机场系统在扩大对外贸易、吸引旅游和改善投资环境以及促进就业等方面的支撑作用，增强催化效应。机场是城市的对外门户，在地方经济发展中具有不可替代的重要作用，区域多机场系统应从城市群整体出发，同时结合内部各城市的经济特点和发展目标，发挥子机场对关联产业，特别是现代服务业和先进制造业的支撑带动作用，不断提高对区域经济发展的贡献率，促进形成多机场系统与城市经济共同发展、协调共赢的健康模式。

6.2　多机场系统结构性矛盾化解策略的实施路径分析

有效化解多机场系统的结构性矛盾，不仅需要系统科学的策略方案，更需要为这些策略设计和制定可行的实施路径，推动化解策略的落地生效，最终实现多机场系统内部子机场的合理分工和科学合作，对城市群区域经济形成有力的支撑和引导。因此，分析和提出化解策略的实施路径也是研究的最终落脚点。多机场系统结构性矛盾的形成有其特殊性，特别是在我国新型城镇化背景下，在区域经济一体化进程不断加快，但原有的以行政区划为分割的限制下，多机场系统协调发展受到很多挑战，而这更加凸显了设计可行实施路径的重要性。

6.2.1 实施路径框架设计

策略实施路径是为了达到发展目标或解决问题而设计和制定出的可操作和执行的行动计划或路线，推动整个策略得以实施和便于执行。实施路径的最终表达形式应该是行动路线图或实施时间表，包括实施步骤、关键节点、评价和调控以及最终目标等。这个过程是动态的，从管理学角度来说，实施路径也是个闭环结构。

6.2.1.1 明确系统发展愿景和目标

系统发展愿景和目标的建立应遵循 SMART 原则：specific（S，明确性）、measurable（M，可衡量性）、achievable（A，可实现性）、relevant（R，相关性）和 time-bound（T，时限性）（Hax & Majluf, 1991）。

（1）明确性原则（S），即发展目标必须是具体明确的；

（2）可衡量性原则（M），即具体发展指标的制定是便于考核和衡量的。

（3）可实现性原则（A），即目标值的制定不能过高或过低，应兼顾挑战性和可实现性。

（4）相关性原则（R），即发展目标应与城市群一体化发展要求相一致。

（5）时限性原则（T），即完成发展目标应具有明确的时间限制，且时间区间适中。

6.2.1.2 设计提出供选择的策略实施路径方案

设计提出供选择的策略实施路径方案通常可以采用 SWOT 分析和鱼骨图两种方法。前者是通过分析系统的优势（strengths）、劣势（weaknesses）、机会（opportunities）和机会（threats），依照矩阵形式排列，之后用系统分析的思想，将各种影响因素匹配起来加以分析，以设计出可能的策略实施路径方案。后者又称为"因果图"或"石川图"，是一种分析问题根本原因的方法。该方法将影响策略目标实现的可能原因按照相互关联性整理成层次分明、条理清楚并标注出影响因素的重要性的图形。因为图形像鱼骨，所以被称为鱼骨图。鱼骨图方法可以对策略目标的动因进行分解，设计具体实施路径（见图 6-1），提出可能的实施路径方案集合。

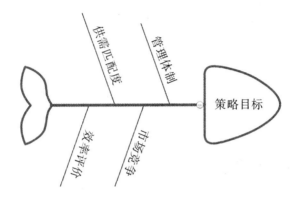

图 6-1　实施路径鱼骨图

6.2.1.3　策略实施路径的评价和选择

对策略的实施路径进行评价和选择，可以按照难易程度、预期效果以及风险水平等方面对可能的路径方案进行量化评价，并根据评价结果进行排序，确定实施路径的等级和优先顺序。对每个确定的实施路径制定关键控制节点和对应的分解目标或阶段目标。对选定的实施路径，进一步明确具体行动要点，包括为什么做、需要什么以及通过什么途径实现等。

6.2.1.4　策略实施的持续改进

策略实施的持续改进，即在策略执行过程中，对各个阶段的完成结果进行及时评估和反馈，根据实际需求和情况对实施的策略进行动态调整和改进，以保障策略实施的持续性和有效性，最终推动系统发展目标的实现。

6.2.1.5　制定策略实施的保障措施

要保障策略的有效实施，还需要必要的保障措施。保障措施包括组织机制、财政预算以及人力资源保障。组织机制是保障策略实施的重要前提，需要做好顶层设计。财政预算也是有效实施各项策略的重要保证，应与策略目标、策略执行考核以及有效的奖惩机制等相结合。人力资源保障措施应明确各策略实施的执行机构、人员和任务，根据系统目标进行节点考核，以确保策略的有效执行和落实。

实施路径框架设计如图 6-2 所示。

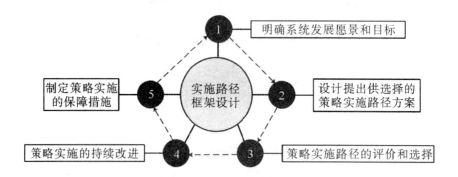

图 6-2　实施路径框架设计

6.2.2　具体实施路径

6.2.2.1　明确化解多机场系统结构性矛盾的总体目标

相关部门应遵循以上 SMART 原则，明确化解多机场系统结构性矛盾的根本目标：实现系统由混乱无序转向时空和功能的有序状态。这种有序性包括：

（1）区域航空需求和航空资源承载能力在规模和结构上的有序匹配。

（2）城市群内航空服务的均等化与差异化的有序匹配。

（3）航空服务成本与效益的有序匹配。

（4）区域经济一体化与多机场系统宏观层面上的协调有序匹配。

6.2.2.2　创新管理机制，科学优化顶层设计

相关部门应结合多机场系统结构性矛盾的现实困境、发展阶段以及实践需要等，以推动城市群协同治理为导向，通过成立区域多机场系统协同发展机构或组织，加快完善分级运作、统分结合的合作机制，加强对多机场系统协调发展的规划和指导，研究审议以多机场系统为单元的重大规划、重大政策、重大项目和工作安排，协调解决系统的重大问题，督促落实重大事项。同时，相关部门应对参与成员明确责任和分工，完善工作考核机制，把策略实施计划或推进方案落到实处。

6.2.2.3　建立完善的政策体系，推动航空市场一体化

相关部门应在对城市群内航空运输资源一体化协调的基础上，建立市场化、社会化和行政化等手段相结合的策略推进机制，科学运用包括价格规制、航空补贴（补贴额度、补贴时间以及补贴对象等）、激励机制和惩罚机制等政策手段和工具（见图6-3），出台区域多机场系统的航线网络结构、空域资源、综合交通运输体系以及区域经济一体化等方面专项政策和实施方案。政策体系要兼顾多机场系统发展的公平性和差异性。在城市群宏观层面，相关部门应做好多机场系统的整体规划和布局，明确分工和定位，注重战略性策略。在城市微观层面，相关部门应用好各类政策手段，重点在于落实和细化区域层面的指导策略，同时强调子机场个性化和差异化的定位，有效推进航空市场一体化，提升区域航空运输系统的竞争力。

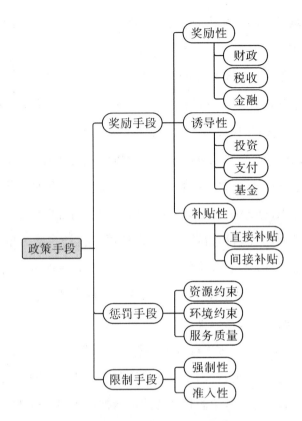

图 6-3　政策手段和工具

6.2.2.4　处理好长期和短期的关系，抓好关键策略的落实

在区域多机场系统协同发展机构或组织的直接指导下，相关部门要正确处理长期矛盾和短期矛盾、主要矛盾和次要矛盾的相互关系，注重对策略实施的跟踪分析、督促检查、综合协调和经验总结，抓好策略实施中关键节点的落实，适时组织开展策略效果评估，全面把握策略的实施情况，及时解决策略实施过程中存在的问题，动态调整各类政策措施，以保障策略实施的持续性和有效性，不断推动区域多机场系统向更高层次发展。

综上所述，多机场系统结构性矛盾化解策略的实施路径如图 6-4 所示。

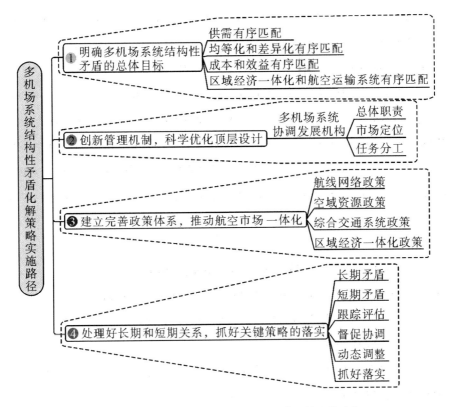

图 6-4 多机场系统结构性矛盾化解策略的实施路径

6.3 本章小结

本章从管理体制、航线网络结构、空域资源、综合交通运输体系、经济一体化等方面提出了多机场系统结构性矛盾的化解策略；在策略分析基础上，根据实施路径框架提出了化解策略的具体实施路径。

本章参考文献

［1］ BARNHART C, FEARING D, ODONI A, et al. Demand and capacity management in air transportation ［J］. Euro journal on transportation & logistics, 2012, 1 (1-2)：135-155.

［2］CORRIGAN S, et al. Preparing for airport collaborative decision making（A-CDM）implementation：An evaluation and recommendations［J］. Cognition, technology & work, 2015, 17（3）：207-218.

［3］DE ALMEIDA C R, WEIGANG L, MEINERZ G V, et al. Satisficing game approach to collaborative decision making including airport management［J］. IEEE transactions on intelligent transportation systems, 2016, 17（8）：2262-2271.

［4］DE ARRUDA JUNIOR A C, WEIGANG L, MILEA V. A new airport collaborative decision making algorithm based on deferred acceptance in a two-sided market［J］. Expert systems with applications, 2015, 42（7）：3539-3550.

［5］HAX A C, MAJLUF N S. The strategy concept and process：A pragmatic approach［M］. Englewood Cliffs：Prentice-Hall, 1991.

［6］乔颖丽, 葛春景. 促进我国多机场体系协调发展的建议［J］. 综合运输, 2020（6）：13-16, 27.

［7］张越, 胡华清. 区域多机场系统的英国模式［J］. 综合运输, 2007（6）：78-80.

［8］曹允春, 程彦. 动态多机场生命周期理论与航空运输协同发展［J］. 民航管理, 2010（2）：32-36.

［9］蒋永雷, 杨忠振, 王璐, 等. 区域机场同质化发展特征分析：以长三角地区机场群为例［J］. 经济地理, 2013（2）：122-127.

［10］陈兆鹏. 我国区域多机场发展的现状及对策分析［J］. 中国民用航空, 2012（9）：22-24.

［11］陈欣, 李心茹, 戴靓, 等. 基于复杂网络的机场群航线网络动态特征分析［J］. 交通科技与经济, 2020, 22（3）：5-11, 41.

［12］黑妍茹, 胡明华. 空域资源优化配置及调整策略研究［J］. 中国民航大学学报, 2011（2）：1-4.

附录 华盛顿—巴尔的摩城市群航空旅客调查问卷样表[①]
——罗纳德·里根华盛顿国家机场（Ronald Reagan Washington National Airport）部分

A：关于您的今日行程

1. 此次旅程您是如何到达罗纳德·里根华盛顿国家机场的？（单选）

□$_{01}$ 通过地面交通到达此机场（例如汽车、出租车、地铁等）

□$_{02}$ 通过飞机到达此机场（结束调查）

□$_{03}$ 乘国内航班在此机场转机（请填写所乘航班的航空公司名称并结束调查）

□$_{04}$ 乘国际航班在此机场转机（请填写所乘航班的航空公司名称并结束调查）

_____航空公司

如果你是通过地面交通到达此机场，请完成问卷剩余部分。

2. 您今日行程的最终目的地是什么？

_____机场 _____城市

_____州 _____国家

3. 此次行程属于什么性质？（请选出此次旅程的主要目的）

□$_{01}$ 与联邦政府相关业务（包括军事方面）

---

① BIGGS D C, National Research Council（U.S.），Airport Cooperative Research Program（U.S.）. Guidebook for conducting airport user surveys，ACRP report［Z］. Transportation Research Board，Washington D. C，2009.

☐02 与州或地方政府相关业务

☐03 与政府无关业务

☐04 休假

☐05 个人或家庭事务

☐06 学生或学校相关

☐07 其他目的（具体说明：_____）

4. 您此次出行的机票从何处购买？（单选）

☐01 网络售票

☐02 电话售票

☐03 登机牌自动取票机

☐04 票务代理

☐05 航站楼票务柜台

B：关于您到达此机场的地面行程

1. 您从何处通过地面交通到达此机场？（单选）

☐01 私人住宅

☐02 酒店/旅馆

☐03 我的固定工作地点

☐04 另一个事务所

☐05 其他（具体说明：_____）

2. 上述地方的具体地址是什么？

街道编号　　　　街道名　　　　位于城市方位（例如西南、东北）_____

城市　　　　　　　　州　　　　　　邮政编码

3. 您今天什么时候出发来此机场的？

　　上午　下午　☐☐：☐☐

4. 您今天什么时候到达此机场的？

　　上午　下午　☐☐：☐☐

5. 同行的人中有多少人和您一起乘坐飞机？

共有_____人（包括您自己）

6. 这趟航班上有多少托运行李是您的？

共有_____件行李（若无则填0）

7. 您到此机场的主要交通工具是什么？

□$_{01}$私人轿车

□$_{02}$租车

□$_{03}$出租车

□$_{04}$机场巴士

□$_{05}$机场货车/轿车

□$_{06}$酒店/旅馆礼宾车

□$_{07}$城际铁路

□$_{08}$美国铁路公司

□$_{09}$轻轨/地铁

□$_{10}$其他（具体说明：_____）

8. 今天您选择来此机场的交通工具的主要原因是什么？（单选）

□$_{01}$费用

□$_{02}$可靠性

□$_{03}$行程时间

□$_{04}$易用性

□$_{05}$舒适性

□$_{06}$其他（具体说明：_____）

9. 如果您使用私人交通来的话（不包括租车）：

（1）您是在航站楼路边下车的吗？

□$_{01}$是　□$_{02}$不是

（2）您的交通工具停在哪里？（直接停靠或送到您后停靠）

□$_{01}$未长时间停靠

□$_{02}$短时停靠

□$_{03}$按天收费停车库

□$_{04}$长期停车场

（3）停留多久？

□$_{01}$不到几个小时

□$_{02}$直到您旅程结束回到此地

C：关于您的机场与地面交通选择

1. 请列出您今天选择罗纳德·里根华盛顿国家机场的三个最重要原因（请在合适的横线上标出 1、2、3）。

_____距离最近

_____地面可达性好

_____汽车、公车或铁路等交通便捷

_____停车设施良好

_____飞行时间更方便

_____票价便宜

_____只有此机场有通往您目的地的直达航班

_____只有此机场提供您所需的服务

_____某航空公司的常旅客

_____其他（具体说明：_____）

2. 如果您能为今日行程安排航班，您会选择哪个机场？（单选）

□$_{01}$巴尔的摩华盛顿国际机场

□$_{02}$华盛顿杜勒斯国际机场

□$_{03}$罗纳德·里根华盛顿国际机场

□$_{04}$无特别偏好

3. 请指出您今天考虑选择的其他机场。（可多选）

□$_{01}$巴尔的摩华盛顿国际机场

□$_{02}$华盛顿杜勒斯国际机场

□$_{03}$其他（具体说明：_____）

□$_{04}$未考虑选择其他机场

4. 在过去一年中，您利用以下机场飞行的次数是多少？

☐01 巴尔的摩华盛顿国际机场_____

☐02 华盛顿杜勒斯国际机场_____

☐03 罗纳德·里根华盛顿国家机场_____

D：个人信息

1. 请填写您现居住地：

城市/乡村　　　州/邦　　　　邮政编码　　　　国家

_____

2. 您家里住多少人？

_____人（如果您独居请填 1）

3. 您的年龄段：

☐01 18 岁及以下　　　　　　☐04 35~49 岁

☐02 19~24 岁　　　　　　　☐05 50~64 岁

☐03 25~34 岁　　　　　　　☐06 65 岁及以上

4. 请选择您家庭年总收入的类别：

☐01 15 000 美元以下　　　　☐05 80 000~119 999 美元

☐02 15 000~24 999 美元　　☐06 120 000~159 999 美元

☐03 25 000~44 999 美元　　☐07 160 000~199 999 美元

☐04 45 000~79 999 美元　　☐08 200 000 美元以上

如果您到过华盛顿—巴尔的摩地区，请回答问题 5 和 6，然后直接跳到 E 部分。

5. 您曾经在此地区住了几晚？

_____个夜晚（如果您当天就离开没有住在此地区请填 0）

6. 您在此地区时每天大概花费多少钱？（包括伙食、住宿、租车等费用，不包括飞机票价，单选）

☐01 100 美元以下　　　　　☐05 400~499 美元

☐02 100~199 美元　　　　　☐06 500~749 美元

☐₀₃ 200~299 美元   ☐₀₇ 750~999 美元

☐₀₄ 300~399 美元   ☐₀₈ 1 000 美元以上

如果您从此机场起飞，请回答问题 7，否则请直接跳至 E 部分。

7. 这趟旅程您将在外住几晚？

_____个夜晚（如果您今日返回请填 0）

8. 您家里有几辆车

_____辆（如果没有请填 0）

E：如果您对我们有任何建议，请写在下列方框中：

感谢您的支持与配合！